L'ÂME HUMAINE

AVANT LA NAISSANCE & APRÈS LA MORT

CONSTITUTION DE L'HOMME ET DE L'UNIVERS

CLEF DES ÉVANGILES, INITIATION ÉVANGÉLIQUE

d'après PISTIS SOPHIA

PAR

Le Docteur PAPUS

DOCTEUR EN MÉDECINE, DOCTEUR EN KABBALE, DIRECTEUR DE LA FACULTÉ DES
SCIENCES HERMÉTIQUES
PRÉSIDENT DU SUPRÊME CONSEIL DE L'ORDRE MARTINISTE
OFFICIER DE L'INSTRUCTION PUBLIQUE

Avec quatre figures et des tables explicatives de Pistis Sophia

---

> Celui dont l'esprit sera intelligent, je ne l'empêche point ; mais je l'exhorte tant et plus à dire le sens qui l'a incité.
> Paroles de Jésus, d'ap VALENTIN (*Pistis* p. 62).

PARIS
CHAMUEL, ÉDITEUR
5, RUE DE SAVOIE, 5

1898

L'AME HUMAINE

L'UNIVERS

AU
D' Nizier PHILIPPE
DE LYON

à celui qui est justement appelé
par la *Vox Populi*

LE PÈRE DES PAUVRES ET DES PRISONNIERS

Cette étude
est respectueusement dédiée

PAR

L'AUTEUR

VALENTIN

La **Pistis Sophia**. — Traduite et commentée par E. AMÉ-
LINEAU. Vol. in-8 carré . . . .   7 fr. 50.

L'AME HUMAINE

AVANT LA NAISSANCE & APRÈS LA MORT

CONSTITUTION DE L'HOMME ET DE L'UNIVERS

CLEF DES ÉVANGILES, INITIATION ÉVANGÉLIQUE

d'après PISTIS SOPHIA

PAR

Le Docteur PAPUS

DOCTEUR EN MÉDECINE, DOCTEUR EN KABBALE, DIRECTEUR DE LA FACULTÉ DES
SCIENCES HERMÉTIQUES
PRÉSIDENT DU SUPRÊME CONSEIL DE L'ORDRE MARTINISTE
OFFICIER DE L'INSTRUCTION PUBLIQUE

Avec quatre figures et des tables explicatives de Pistis Sophia

---

> Celui dont l'esprit sera intelligent, je ne l'empêche point, mais je l'exhorte tant et plus à dire le sens qui l'a incité.
> Paroles de Jésus, d'ap. VALENTIN (*Pistis*, p. 62).

—❋—

PARIS
CHAMUEL, ÉDITEUR
5, RUE DE SAVOIE, 5
—
1898

GRAND TABLEAU GÉNÉRAL – CLEF DE PISTIS SOPHIA

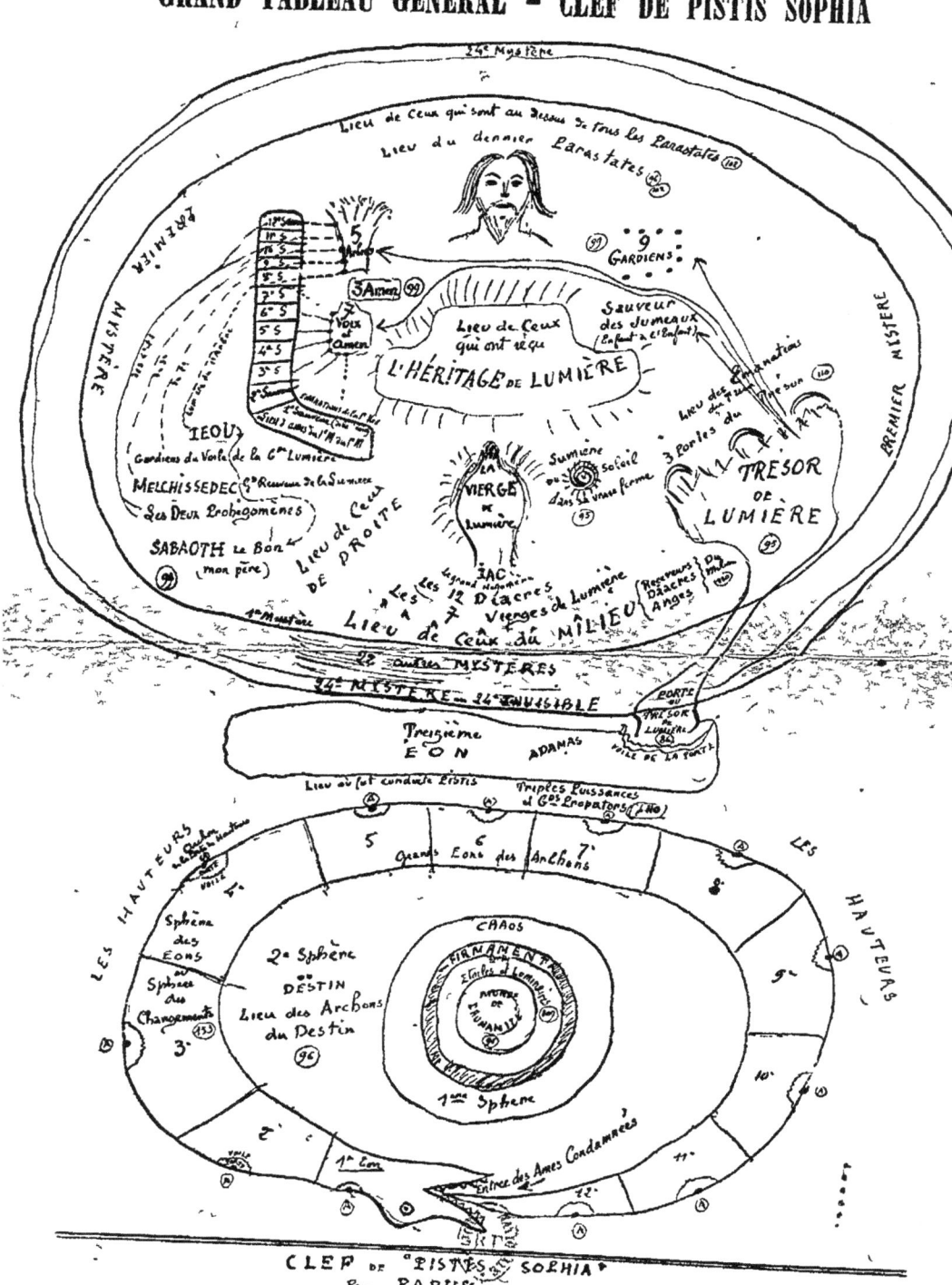

L'AME HUMAINE
AVANT LA NAISSANCE ET APRÈS LA MORT

INTRODUCTION

La traduction française du manuscrit copte de *Pistis Sophia*, par M. E. Amélineau, a une singulière importance pour la diffusion du spiritualisme chrétien.

Cependant, l'importance même de cette œuvre exige quelques éclaircissements sans lesquels l'ouvrage demeure réellement fermé ; car c'est un travail initiatique, et composé de telle sorte que les initiés seuls devaient en comprendre les secrets.

M. E. Amélineau, dans une très savante introduction, a jugé l'œuvre au point de vue critique et historique. Il a rempli ainsi son devoir d'érudit et de traducteur consciencieux. Mais il manque à l'ouvrage *une clef* qui permette de se reconnaître dans les descriptions du plan astral et du plan céleste que nous donne Valentin. C'est cette clef que nous nous sommes efforcé de trouver et de mettre à la portée de nos lecteurs : — mais dans une certaine limite.

Ce livre merveilleux peut être lu de quatre manières et révéler quatre sens pour chacune des idées exposées. Faire un commentaire complet de *Pistis* exigerait plusieurs volumes. Aussi avons-nous restreint notre ambition *à l'éclaircissement du sens naturel* des révélations de Valentin. Ce travail seul a exigé plusieurs mois. Plus tard, nous aborderons peut-être un plan nouveau d'exposition ; mais, pour l'instant, nous allons nous borner aux points suivants :

1º Analyse rapide de *Pistis Sophia* ;

2º Résumé de la constitution du Plérôme ou Univers physique et hyperphysique d'après ce livre ;

3º Histoire de l'Involution et de l'Évolution de l'âme humaine avant et après la vie terrestre ;

4º Lumière sur le christianisme et les Évangiles, à l'aide de citations choisies, et expliquées où il est nécessaire ;

5° Dictionnaire des principaux sujets traités avec renvois à l'édition française.

Ce résumé sera fait de telle sorte qu'il soit complet par lui-même et qu'il constitue pour le lecteur un ensemble tel que celui-ci n'ait pas absolument besoin de se procurer l'ouvrage original. Mais nous espérons que notre clef aidera beaucoup l'étudiant sérieux qui, possédant l'ouvrage de Valentin, a été rebuté jusqu'ici par les répétitions voulues et les obscurités calculées que l'écrivain a employées pour cacher, à l'époque de l'apparition de son œuvre, ce que nous avons le devoir d'essayer de révéler à notre époque

Toutefois que « ceux qui savent » se rassurent. Autant il est demandé de répandre les lumières les plus vives sur le premier sens des œuvres de ce genre, autant je sais quelle prudence est nécessaire concernant le second et le troisième sens qui touchent aux mystères mêmes du plan céleste.

Quoi qu'il en soit, nous sommes persuadé que la traduction de *Pistis Sophia* permettra à tous les chrétiens, sans distinction d'églises, de saisir le sens profond et traditionnel des Évangiles.

I

Analyse de Pistis Sophia

Par M. E. AMELINEAU (p. IV à VII de sa traduction).

Comme dans tous les ouvrages gnostiques connus, et nous en connaissons au moins quatre, la révélation de la Gnose merveilleuse, dont la connaissance plaçait l'heureux possesseur en une position infiniment avantageuse pour l'obtention du bonheur éternel après la mort, est mise en la bouche de Jésus ressuscité d'entre les morts (1). L'auteur de *Pistis Sophia* nous affirme que, après sa résurrection, Jésus passa onze ans à enseigner cette admirable Gnose à ses disciples et à la réunion des

(1) Dans les deux traités gnostiques d'Oxford que j'ai publiés dans les *Notices et Extraits des manuscrits*, t. XXIX, Jésus est exactement dans le même rôle; dans le troisième traité, connu jusqu'à présent, c'est-à-dire dans l'adjuration du papyrus publié par M. Rossi de Turin, il est fort probable que cette adjuration est enseignée par Jésus à ses disciples, car les préliminaires ressemblent fort aux mystères que nous trouvons ici et dans l'un des deux traités d'Oxford.

femmes qui l'avaient suivi. Quand la scène première du livre s'ouvre, Jésus est assis sur le mont des Oliviers avec tous ceux qui l'entourent, les douze apôtres, Marie sa mère, Marie la Madeleine, Marthe et Salomé (ce sont du moins les principaux acteurs qui prendront la parole à mesure que l'initiation se déroulera).

A peine sommes-nous fixés sur le lieu où vont se passer quelques-unes des scènes suivantes, que Jésus, assis un peu à l'écart de ses disciples, est environné d'une grande lumière qui lui sert de vêtement et ravi dans le ciel au milieu de l'effroi des éléments cosmiques. Les disciples sont dans la stupéfaction et l'hébétement à la vue de la lumière qui a ravi Jésus ; ils font entendre des prières, et Jésus revient à eux pour leur expliquer les mystères qu'il peut et doit leur expliquer. Il leur explique d'abord qu'il est allé vers son père ; que le vêtement de lumière qu'on lui a apporté sur le mont des Oliviers était celui même qu'il avait déposé dans l'un des éons lorsqu'il descendit sur la terre. Il part de là pour leur expliquer certaines paroles de l'Evangile et certains actes préparatoires à sa descente sur la terre, comme la venue d'Élie en la personne de Jean et l'Annonciation de Gabriel à Marie, l'élection des apôtres en suite de la mise d'âmes supérieures en leurs corps au moment de la conception. Puis, tout d'un coup, sans aucune transition, et, il faut aussi le dire, sans que le

moindre détail du livre indique une lacune, il narre
son ascension dans les mystères supérieurs des
éons. Dans ces divers mystères des divers éons,
les chefs ou archons de chaque lieu, les gardiens
des portes et tous les habitants de l'éon traversé,
s'écartent en sa présence, étonnés, stupéfaits,
hébétés, contraints par les mots magiques dont
est couvert le vêtement de lumière qui est sur
Jésus. Mais Jésus, dans quelques-uns de ces éons
— et là encore il y a solution de continuité dans
le récit sans qu'il y ait lacune dans le texte — ne
se retire qu'après avoir infligé un châtiment à cer-
tain nombre de leurs habitants. Les archons, en
effet, à sa vue, ont voulu combattre la lumière qui
le revêtait ; ils en ont été punis par l'ablation du
tiers de la lumière qui se trouvait en eux, par le
changement de la révolution de leurs sphères qui
tournèrent alors à gauche au lieu de tourner à
droite, ce qui jeta la plus grande confusion dans
les horoscopes que tiraient les hommes habiles
sur la terre, ce qui amena leur entière confusion
lorsqu'ils ne savaient pas ce changement et qu'ils
opéraient en tout temps comme si le mouvement
astral était continu, lorsque pendant six mois il
était à gauche et pendant six mois à droite, mais
ce qui n'empêcha point que leurs pratiques se trou-
vassent justes lorsque le mouvement correspondait
à la notion primitive, ce qui avait lieu pendant la
moitié de l'année.

Par une transition assez pénible Jésus, sur une interrogation de Marie la Madeleine, lui explique comment les âmes auraient pu attendre, dans l'éon dont il a été question, que le nombre des âmes parfaites eût été rempli, puis comment ces âmes ont été créées, comment elles ont partagé le sort des sphères dont la révolution avait été changée inversement, et là Jésus rentre dans la continuation du premier sujet qu'il a traité. C'est alors qu'apparaît Pistis Sophia, l'éon dont les malheurs et le salut vont être tout au long racontés dans l'ouvrage.

Cette Pistis Sophia était l'une des vingt-quatre émanations supérieures. Regardant un jour en haut, elle vit la lumière « au firmament du grand Trésor de la lumière ». Elle voulut parvenir en ce lieu et cessa de pratiquer le mystère du lieu qu'elle habitait : elle chanta un hymne à la lumière qu'elle avait vue. Mais, au lieu d'être exaucée, elle ne sut que s'attirer la jalousie et la haine de ceux qui partageaient sa demeure : ils la poursuivirent, elle s'enfuit hors de son éon, tomba dans les profondeurs du chaos ténébreux et s'y trouva en butte à toutes les attaques des archons de ce chaos et de ceux qui se trouvaient en dessous. Ces archons créèrent par émanation une foule d'êtres bizarres qui eurent pour mission d'enlever de Pistis Sophia la partie lumineuse qui se trouvait en elle. Elle fut alors plongée dans toutes les horreurs des ténèbres, et en butte à toutes les attaques des émanations diverses et horribles créées pour la combattre ; mais, si ses épreuves furent grandes, son courage fut encore plus grand : elle ne perdit point confiance, elle se tourna vers la lumière et lui adressa un hymne de repentir ou une *repentance*, ainsi que s'exprime le texte. Cette *repentance*, ainsi que les douze suivantes, sont calquées sur des Psaumes appliqués aux divers états par lesquels elle passe, et, afin de rendre la chose plus visible, les disciples, hommes ou femmes, en donnent l'explication en récitant précisément le psaume sur lequel a été calquée la *repentance*. A la neuvième repentance, Sophia est exaucée ; Jésus, le Sauveur, est envoyé vers elle et la tire par degrés de l'état misérable où elle se trouve, puis la sauve finalement du chaos. Les repentances se changent alors en actions de grâces. Jésus la conduit au-dessous du treizième éon et l'y laisse en lui recommandant de l'appeler, lorsque le temps sera venu où certains archons voudront la maltraiter. Ce temps arrive lorsque Jésus est dans le monde des hommes, sur le mont des Oliviers. Jésus alla alors à son secours, ainsi qu'il l'avait promis, et il l'introduisit dans le treizième éon. Entre temps, après la treizième repentance de Pistis Sophia et au milieu de l'explication de son premier hymne d'actions de grâces, le texte est tout à coup interrompu par une page insérée au verso du folio 114, et qui contient une donnée tout à fait en dehors de celles que nous avons trouvées jusqu'ici. Puis, au folio 115 recto, est ce titre : *Tome second de Pistis Sophia*, et ce tome second s'ouvre par la continuation de l'explication précédente, à savoir l'explication du premier hymne d'actions de grâces prononcé par Pistis Sophia.

Après que Pistis Sophia a été réintégrée dans son éon, le livre change d'allures, ou, pour mieux dire, les interrogations, qui se sont rencontrées quelquefois dans ce qui précède, deviennent de règle générale à partir de ce moment. Ces interrogations portent d'abord sur certains points particuliers de la constitution des mondes invisibles, puis elles se tournent presque entièrement sur les problèmes eschatologiques et les différents cas qu'ils soulèvent pour les diverses catégories d'âmes. Je ne m'attacherai pas à les analyser ici, le lecteur les trouvera tout au long dans l'ouvrage que j'ai traduit. Ce qu'il me suffira d'indiquer, c'est que le salut correspondra après la mort au degré de l'initiation reçue par les âmes ; que les âmes pécheresses et non initiées peuvent être sauvées par les fidèles ; que les âmes pécheresses et initiées sont condamnées à être perdues irrévocablement, sans que rien puisse les sauver.

Je dois encore ajouter que l'un des traits dominants de l'eschatologie valentinienne dans la *Pistis Sophia*, c'est la possibilité d'amender une première vie mauvaise par une seconde meilleure, car les disciples de Valentin et Valentin lui-même admettaient parfaitement la métempsycose.

Ici encore, les explications que Jésus donne à ses auditeurs sont tout à coup interrompues par un titre jeté au milieu du développement : *Une partie des livres du Sauveur*. Le passage ainsi annoncé comprend deux feuillets ; il ne se rapporte ni de près, ni de loin, à ce qui précède et à ce qui suit, et le troisième feuillet à partir de ce titre est la continuation des explications interrompues si mal à propos, semble-t-il. Ces explications se continuent par l'examen des cas nouveaux que soulèvent les disciples dans cette morale eschatologique du valentinianisme ; elles donnent lieu à Jésus de décrire quelques-unes des particularités des Enfers valentiniens, jusqu'au moment où une nouvelle direction de l'ouvrage est annoncée par le titre *Extrait des livres du Sauveur*. Cette partie n'est pas plus terminée, ce me semble, que les autres ; c'est Marie la Madeleine qui parle dans les dernières lignes et sa phrase ne me paraît pas complète.

Avec l'*Extrait des livres du Sauveur*, je viens de le dire, l'œuvre gnostique prend une nouvelle direction. Le début montre que c'est un livre tout à fait particulier que nous avons ici, car il commence par ces mots : « Il arriva donc, après qu'on eut crucifié Notre-Seigneur, que le troisième jour il se leva d'entre les morts. » Comme dans les autres livres que j'ai déjà indiqués, les disciples se rassemblent près du Sauveur, sur les bords de l'Océan, et lui adressent une prière à laquelle Jésus répond en leur expliquant la situation des planètes, après les avoir amenées à sa droite. Ces planètes sont au nombre de cinq : Saturne, Mars, Mercure, Vénus et Jupiter ; elles sont gouvernées par la dernière dans laquelle est placé Sabaôth le petit et le bon. Puis, sur la demande de Marie la Madeleine, Jésus explique ce que sont les *voies du milieu* qui sont également au nombre de cinq dont chacune a pour préposé des archons dont les noms sont donnés, noms tout aussi bizarres que les formes de ces archons. Puis Jésus renvoie les vertus de gauche à la place qu'elles doivent occuper. Pressé de nouveau par ses disciples, il leur répond qu'il va leur conférer le baptême de la Rémission des péchés, et, de fait, il le leur confère. Après avoir ainsi conféré ce baptême, Jésus dit à ses disciples qu'il y a d'autres baptêmes et il en entreprend l'explication. L'explication est coupée par une lacune de huit feuillets soit sans doute un cahier qui s'est détaché du manuscrit primitif et qui s'est perdu. Quand le texte reprend, il continue les explications eschatologiques commencées auparavant et il donne certains cas où la métempsycose aura lieu, d'après la position des planètes dans les divers signes du zodiaque. Puis le livre finit brusquement au milieu d'une phrase où les disciples déplorent le sort malheureux des pécheurs. Je ne crois pas, pour ma part, qu'il se terminait ainsi et je suis persuadé que les derniers feuillets ont disparu.

La véritable conclusion de l'ouvrage se trouve écourtée, je crois, dans une page qui est attachée à la fin du manuscrit : elle parle de la dispersion des apôtres, trois par trois, vers les quatre points cardinaux, pour prêcher la bonne nouvelle de l'Evangile gnostique, le Christ confirmant leur prédication par des signes et des prodiges, de sorte que la terre entière connut le royaume de Dieu.

II

L'Univers.

Le Plérôme ou Univers, physique et hyperphysique, est composé *de trois mondes, de trois plans* qui s'enchevêtrent et qu'on sépare dans les figures pour la facilité de la description.

Le plan supérieur, ou plan céleste, est formé, *pour l'auteur de Pistis,* de vingt-quatre cercles concentriques qu'il nomme les vingt-quatre mystères (1). Le vingt-quatrième mystère est le plus rapproché des mondes inférieurs, et le premier mystère est le plus central. C'est ce premier mystère que Jésus décrira avec détail, et c'est lui qui renferme l'héritage des Élus, ainsi que les Forces-Principes ou créatures célestes.

Le plan médian, ou plan astral de la Kabbale, est

---

(1) Ils correspondent aux vingt-quatre vieillards de l'*Apocalypse* et ont pour clef les vingt-quatre fleurons qui ornent le nom mystique de Iod-hé-vauhé. Voir, à ce sujet, les œuvres d'Eliphas Lévi.

figuré par le dragon de l'hermétisme, l'ουροϐορος (*ouroboros*) des initiés, qui forme un cercle puisque la gueule dévore la queue. Ce dragon symbolise les *vagues de feu* du plan astral, l'océan de flammes de l'initiation hermétique et le Purgatoire des chrétiens.

Le dragon est divisé en douze appartements ou éons (2), chacun de ces éons a une porte qui s'ouvre vers le monde supérieur, « vers les hauteurs », dit le texte. Chacune de ces portes est cachée à l'intérieur par un voile et est gardée à l'extérieur par un « esprit astral » ou *archon* (3), qui se nomme l'Archon de la Porte des hauteurs. Ces douze éons correspondent aux douze maisons du zodiaque astrologique. Ils servent de lieu d'épreuve aux âmes condamnées, et celles-ci entrent dans les divers éons par la gueule du dragon (entrée des âmes condamnées).

Le plan physique, ou plan de l'humanité corporelle, est entouré de tous côtés par le dragon astral. Nul être ne pourra donc venir du ciel sur le plan matériel, ou aller du plan matériel dans le ciel,

---

(2) La notion des éons dans *Pistis Sophia* s'applique uniquement au plan astral ou médian et c'est, à notre avis, par erreur que M Amélineau, dans sa merveilleuse et si claire introduction, confond les mystères applicables au plan céleste avec les éons applicables seulement au plan astral.

(3) Le terme *archon* désigne tous les officiers, tous les chefs des cohortes astrales et se différencie par l'emploi que remplit cet archon. (Voyez les renvois à ce mot au dictionnaire.)

L'UNIVERS 23

sans avoir à traverser ce domaine du dragon, ce monde des archons rempli de tourments et d'em-

Clef de la Construction du
PLÉRÔME
tel qu'il est décrit dans la Pistis-Sophia.

bûches. Le plan physique commence par le cercle firmament situé au dedans du cercle du chaos et ce plan physique renferme les Étoiles et les Luminaires ou Planètes (p. 109) et, au centre, le monde de l'humanité (p. 95).

Dans le récit de Valentin, ces trois plans s'enferment l'un l'autre, depuis le monde de l'humanité au centre, jusqu'au premier mystère à la périphérie et le monde céleste va même plus loin (p. 102) avec des intermédiaires entre les divers plans.

Si nous avions suivi scrupuleusement cette figure il nous aurait été à peu près impossible de faire saisir la composition du premier mystère et ses relations avec le reste de l'Univers ou Plérôme.

Voilà pourquoi, dans notre figure générale, nous avons figuré le plan céleste à part et au-dessus des deux autres, quoique normalement il devrait les envelopper. Entre le plan céleste et le plan astral se trouve un lieu de transition, le treizième éon ; entre ce treizième éon et le plan astral est encore un autre lieu de transition où fut amenée *Pistis Sophia*; enfin, entre le plan astral et le plan physique existent diverses sphères (sphère du destin ou deuxième sphère, sphère du chaos ou première sphère) qui indiquent les plans de matérialisation progressive de la force divine.

Quiconque lira la traduction suivante sera frappé des rôles d'agents secondaires nommés *receveurs*. Il y a des receveurs de lumière ou des receveurs pacifiques et des receveurs de ténèbres. Le rôle de ces agents est d'aller chercher les âmes au moment où elles vont quitter le corps, de les conduire à travers la création pendant trois jours et de les remettre ensuite entre les mains de ceux qui doivent les récompenser ou les punir.

MESSAGER DE LA MORT

L'Égypte ancienne croyait à un messager de la mort qui venait chercher l'âme au moment déterminé, et l'ouvrage de morale attribué au scribe Khonson-Hôtep nous en parle dans une maxime que je vais citer ici :

« Place devant toi comme but à atteindre une vieillesse dont on puisse témoigner, afin que tu sois trouvé ayant parfait ta maison qui est dans la vallée funéraire au matin de cacher ton corps. Ainsi quand viendra pour toi ton messager de mort pour te prendre, qu'il trouve quelqu'un qui est prêt. »

Du reste, un coup d'œil jeté sur la figure générale et, surtout, sur la figure du Plérôme, permettra de bien fixer dans l'esprit cette disposition des mondes et de résoudre bien des difficultés.

Disons dès maintenant quelques mots des habitants de ces divers mondes.

LES HABITANTS DU MONDE INVISIBLE

Le monde de l'humanité est habité par les âmes revêtues de corps. Comme êtres invisibles, nous y trouverons surtout les *receveurs pacifiques*, chargés de recevoir l'âme à sa sortie du corps et de la porter jusqu'au plan astral, où elle trouvera une foule d'êtres à qui elle peut avoir affaire.

Ces êtres du plan astral sont surtout les receveurs des archons, les archons du Destin (p. 96) et les archons dans tous leurs emplois. Ces archons sont, par essence, ennemis de l'âme humaine et ils lui sont particulièrement hostiles lorsque l'initiation ne lui permet pas de se défendre.

LE PLAN CÉLESTE

Le plan céleste nous montre d'abord des receveurs de lumière, des receveurs du milieu, puis une foule d'êtres mystérieux classés en trois grands centres : le milieu, la droite et la gauche. Cette droite et cette gauche ne sont pas celles de la figure, mais celles du Christ de gloire qui occupe le centre de la figure.

Au milieu, nous trouverons la Vierge de lumière chargée de sceller les âmes d'après leur élévation ; puis IAO, le grand Hégomène ; puis les douze diacres, les sept Vierges de lumière avec les receveurs, les diacres et les anges du milieu.

A gauche, nous trouvons la seule porte par où le ciel communique avec les autres mondes. Cette porte réunit le treizième éon au Trésor de lumière d'où sont sorties la plupart des émanations qui ornent le plan céleste. C'est en effet de ce Trésor de lumière que sont émanés les neuf gardiens et le Sauveur des jumeaux qui sont à la gauche du Christ, et les cinq arbres, les trois amen et les sept voix qui sont *à sa droite*.

Les cinq arbres ont émané, à leur tour, chacun une lumière créatrice.

La lumière du premier arbre a émané IEOU.

La lumière du deuxième arbre a émané *les gardiens du voile de la grande lumière*.

La lumière du troisième arbre a émané MELCHISSEDEC.

La lumière des quatrième et cinquième arbres a émané LES DEUX PROHÉGOMÈNES.

Enfin, si nous disons que IEOU a émané à son tour SABAOTH le Bon, celui que Jésus appelle *son Père céleste*, on aura la notion complète des émanations qui constituent ce plan céleste et que notre figure éclaircira suffisamment. A noter encore toutefois l'émanation des douze sauveurs dérivés des cinq arbres et des douze voix, qu'il nous suffira de mentionner, car leur explication nous entraînerait hors de notre sujet.

III

L'Homme.

CONSTITUTION DE L'HOMME

C'est muni des données précédentes que le lecteur pourra facilement saisir l'origine des divers principes qui constituent l'homme incarné.

Composition de l'être humain.

L'être humain tel qu'il se présente à nous sur la terre est ainsi composé :

1° *Un corps hylique* ou physique.

3° Un principe intermédiaire : l'*esprit d'imitation spirituelle*.

3° *L'âme immortelle.*

A ces principes il faut ajouter des forces *non incarnées* et qui sont :

A *La Vertu céleste.*

B *La Destinée.*

Parlons de chacun de ces principes.

Le corps physique vient de la terre et y retournera. Il est formé par le principe immédiatement supérieur.

L'Esprit d'imitation spirituelle joue un grand rôle dans l'œuvre de Valentin. C'est *le principe de l'attraction en bas*, l'origine des impulsions sataniques qui attireront l'âme vers les jouissances de la matière.

Plus l'âme aura suivi les impulsions de ce principe du mal, plus le lien qui l'unira à ce principe sera puissant et plus elle aura de peine à s'échapper des tourments dans lesquels l'entraînera cet esprit d'imitation qui vient de la sphère du Destin et qui doit y rester si l'âme parvient à rompre le lien qui l'attache à lui.

« Le lecteur observera aussi au cours de la partie eschatologique de la *Pistis Sophia* qu'il est souvent question d'une partie de l'être humain nommée l'*imitation spirituelle*, de sorte que, dans la doctrine de Valentin, l'homme se compose du corps, de l'*imitation spirituelle*, de l'âme, en attendant que cette âme devienne pneumatique et bienheureuse.

Cette *imitation spirituelle* avait la forme du corps, naissait avec le corps, lui était attachée pendant sa vie et le suivait jusque dans la mort, témoin de toutes les actions du corps et de l'âme, accusant celle-ci avec force après sa mort et l'induisant à pécher pendant sa vie.

L'HOMME

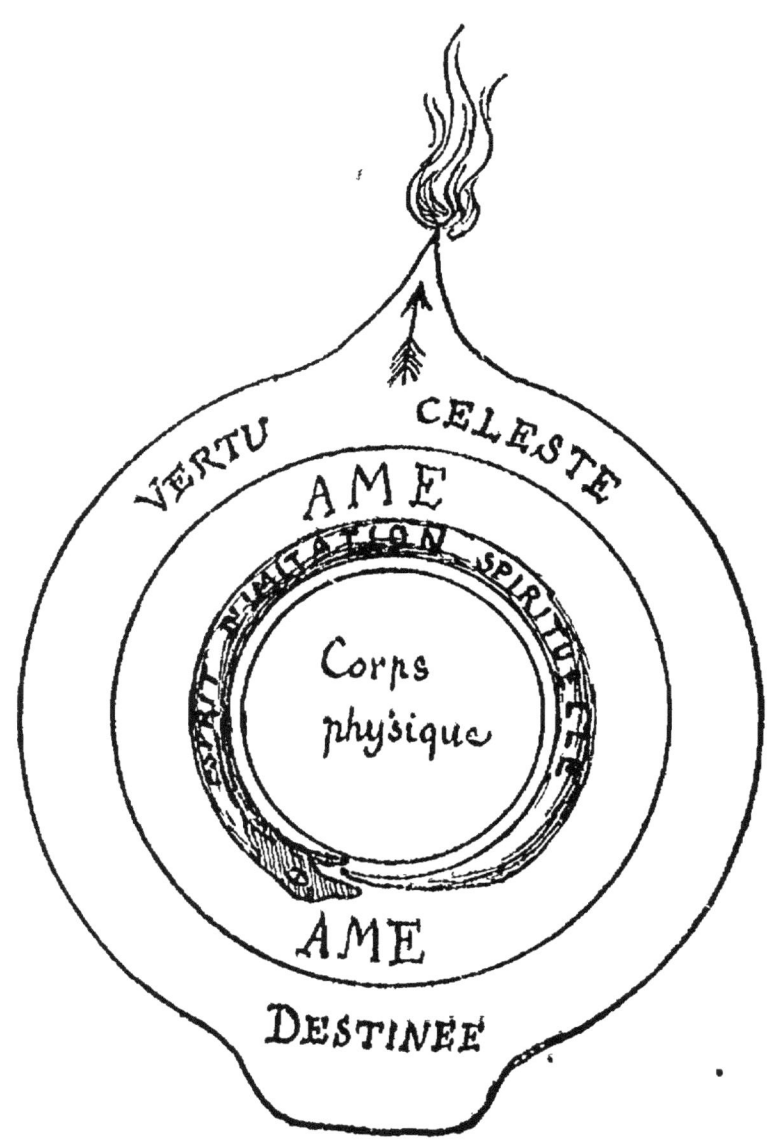

Constitution de l'Homme.
Microcosme

De même, chez les anciens Égyptiens, l'homme se composait du corps, du *double*, de l'âme, laquelle devenait bienheureuse ou spirituelle après la mort, si elle avait été trouvée juste dans le jugement suprême d'Osiris. C'est au *double* que correspondait l'*imitation spirituelle* ; le *double* était une image atténuée du corps, une *imitation* du corps plus ténue, plus spirituelle en quelque sorte qui naissait avec le corps, grandissant avec le corps, mourant avec le corps, ressuscitant ensuite sans le corps, grâce à certaines cérémonies magiques et continuant de vivre après la mort dans l'endroit où était conservé le cadavre.

ESPRIT D'IMITATION
(Analyse de l'auteur de Pistis)

Et l'esprit d'imitation spirituelle fait incliner l'âme et la force à faire toutes ses iniquités, toutes ses passions, tous ses péchés, d'une manière constante, et il demeure différent de l'âme et son ennemi en faisant commettre tous ces maux et tous ces péchés. Et il excite les liturges pacifiques à être ses témoins en tous les péchés qu'il lui fait faire. Et encore lorsqu'elle va pour se reposer dans la nuit, dans le jour, il l'excite par des vices, ou des désirs mondains, et il lui fait désirer toute chose de ce monde : en un mot, il l'attache à toutes les œuvres que lui ont ordonnées les Archons et il devient l'ennemi de l'âme, il lui fait faire ce qu'elle ne voudrait pas.

L'esprit d'imitation pneumatique, la Destinée et le corps (le mystère du baptême) les sépare en une partie, l'âme aussi et la vertu il les sépare en une autre partie. Le mystère même du baptême demeure au milieu des deux. »

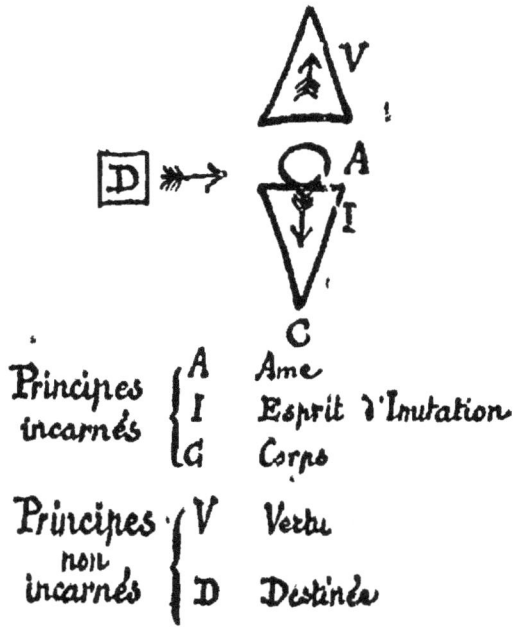

Mais à ce centre d'attraction en bas est opposée *la Vertu céleste*, centre d'attraction vers le Haut et le Divin, origine de l'*idéal* sur terre, du *désir pur* et du *sacrifice* régénérateur.

Cette vertu céleste vient directement de la *Vierge de lumière* du plan céleste; elle y retournera immédiatement après la mort et restera liée durant toute la vie terrestre à l'âme pour l'éclairer et lui permettre de s'élever en comprenant l'*Amour divin* (1).

L'Ame immortelle libre de suivre les impulsions d'en bas ou les ravissements d'en haut est envoyée sur terre *pour acquérir l'initiation*. Tant qu'elle n'aura pas pénétré le principe de la création, elle devra revenir s'incarner de nouveau.

La Destinée ne participe pas à la substance humaine. Spectateur impassible, elle est là pour arrêter le cours de l'existence physique au jour marqué et, cela fait, elle retourne à la première sphère d'où elle vient.

Le lecteur comprendra maintenant la page suivante qui résume tout cela.

« Quand le petit enfant vient au monde, la *Vertu* est faible en lui, l'*âme* est aussi faible en lui et l'*imitation* de l'Esprit est faible en lui, en un mot les trois sont faibles ensemble : nulle ne sait quoi que ce soit, soit bien, soit mal, et encore le *corps* est faible et le petit enfant mange les nourritures du monde des archons, et la *vertu* des archons attire à elle la partie de la vertu qui est dans les nourritures (1), et l'*âme* attire à elle la partie de

---

(1) La théologie a figuré ces deux principes, l'esprit d'imitation par l'Ange des ténèbres et la vertu céleste par l'Ange gardien qui assistent tout homme en ce monde.

(1) Louis Michel de Figanières a très lumineusement développé ce mystère des localisations diverses des aliments de l'homme. Voyez surtout son étude sur la digestion de l'homme dans la *Clef de la vie* (Chamuel, dépositaire général.)

l'âme qui est dans les nourritures et l'*esprit d'imitation spirituelle* attire à lui la partie mauvaise qui est dans les nourritures avec ses désirs, et le corps aussi attire à lui la matière insensible qui est dans les nourritures. Quant à la *Destinée*, elle ne prend rien des nourritures parce qu'elle n'est pas mélangée avec elles.

Peu à peu la vertu, l'âme, l'esprit d'imitation deviennent grands, chacun d'eux sent selon sa nature. La *vertu* sent pour chercher la lumière des hauteurs, l'*âme* aussi sent pour chercher le lieu de la justice qui est mélangé, c'est-à-dire qu'il est le lieu du mélange ; l'*Esprit d'imitation* cherche aussi toutes les méchancetés, les desirs et tous les péchés ; le *corps*, lui, il ne sent rien, sinon qu'il prend force par de la matière. (P. 145 et 146.)

ORIGINE DE L'AME

L'âme des hommes ordinaires tire son origine première de la lumière propre des archons, c'est-à-dire des chefs qui exercent leur pouvoir dans la sphère du Destin. Aussi comprend-on la rage et la colère de ces archons quand l'âme humaine vient écraser ses créateurs de toute la supériorité due à ses souffrances vaillamment supportées et à son initiation personnelle. Alors l'âme passe *comme un trait de feu* au milieu des archons qui reculent pleins d'effroi dans leur haine impuissante. Tout ce que les archons possédaient de divin, leur lumière, leur vertu, le souffle de leur bouche même devient la substance de l'âme humaine, tandis que les larmes de leurs yeux, la sueur de leur corps devenaient le principe des âmes animales. La répartition de la substance divine fut réglée d'après les aspects astrologiques. Telle, est l'explication de la magnifique page suivante (1).

« Et lorsque fut arrivé le temps du nombre de Melchissédec, le grand receveur de lumière, il alla au milieu des éons et de tous les archons attachés dans la Sphère et dans le Destin, il enleva l'éclat lumineux de tous les archons des éons et de tous les archons du Destin, ainsi que ceux de la Sphère — car il leur enleva ce qui les troublait — et il excita le Seigneur, qui était leur chef, à faire tourner promptement leurs arches, et il leur enleva la vertu qui était en eux, le souffle de leur bouche, les larmes de leurs yeux, la sueur de leur corps, et Melchissédec, le receveur de la lumière, purifiait toutes ces vertus afin de porter leur lumière au Trésor de lumière, pendant que les liturges de tous les archons rassemblaient, les unes avec les autres, toutes leurs matières, et les liturges de tous les archons du Destin avec les liturges de la Sphère,

(1) On trouve là l'origine d'une théorie bien curieuse d'après laquelle une partie de la divinité des anges déchus (que les archons représentent ici exactement) aurait servi de fondement aux principes divins de l'âme humaine. Cette théorie mérite de très sérieuses études.

ceux qui sont sous les éons, les prenaient afin d'en faire les âmes des hommes, des animaux, des reptiles ou des bêtes sauvages ou des oiseaux, et de les envoyer dans ce monde de l'humanité.

Et de plus les receveurs du Soleil et les receveurs de la Lune ayant regardé le ciel et ayant vu les figures des marches des éons et les figures du Destin et celles de la Sphère, alors ils leur enlevèrent la vertu de la lumière, et les receveurs se préparèrent à la laisser jusqu'à ce qu'ils la donnassent aux receveurs de Melchissédec, les purificateurs de lumière; et leur résidu hylique, ils le portèrent dans la sphère qui est au-dessous des éons afin d'en faire des âmes d'hommes et d'en faire aussi des âmes de reptiles, ou d'animaux, ou de bêtes sauvages, ou d'oiseaux, selon le cercle des archons de cette sphère et selon toutes les figures de sa révolution. (p. 19.)

L'AME APRÈS LA MORT PHYSIQUE

Laissons de côté pour l'instant le rôle de l'âme pendant l'incarnation dans le corps physique; contentons-nous de savoir que le but de cette incarnation est d'acquérir l'*initiation*, et occupons-nous de l'importante question de l'évolution de l'âme après la mort.

D'après la Kabbale, les trois principes de l'homme évoluent chacun en s'efforçant de regagner leur lieu d'origine. Le corps physique retourne à la terre, le corps aromal ou astral retourne au plan astral d'où il venait, et l'esprit immortel s'efforce de revenir au centre de sa céleste origine.

Cette doctrine va être éclairée d'une façon bien remarquable par les pages suivantes. Nous verrons en effet que l'âme de l'initié revient à l'héritage de lumière après avoir laissé successivement et dans leur lieu respectif d'origine l'Esprit d'imitation spirituelle et la Destinée. Quand l'âme n'a pu acquérir par l'initiation la connaissance des sentences, des symboles et des apologies qui ouvrent les portes du dragon astral du terrible lieu des eons, alors l'*Esprit d'imitation* devient accusateur et tourmenteur, l'ange noir issu du monde des anges des ténèbres s'empare de sa victime et la torture ; mais cette torture elle-même *n'est jamais éternelle*.

L'AME DU PÉCHEUR NON REPENTI ET NON INITIÉ (1)

Phases de l'évolution post mortem en général.

Maintenant donc lorsque sera accompli le temps de cet homme-là, d'abord vient la Destinée; elle fait conduire cet homme à la mort par le moyen des archons et de leurs liens, ceux dont ils ont été

(1) Il est utile de suivre les diverses phases de cette évolution sur le grand tableau général.

liés par le Destin ; et ensuite viennent les Receveurs pacifiques afin d'emmener cette âme hors du corps.

Et ensuite les Receveurs pacifiques passent trois jours à faire le tour avec cette âme de tous les lieux, la conduisant à tous les éons du monde pendant que suivent cette âme : la Destinée et l'esprit d'imitation spirituelle, et que la vertu se retire près de la Vierge de lumière.

Et après trois jours les Receveurs pacifiques emmènent cette âme en bas, presque au fond de l'Enfer du chaos, et lorsqu'ils l'ont amenée au fond du chaos, ils la livrent à ceux qui châtient, et les Receveurs se retirent en leur lieu selon l'économie des œuvres des archons au sujet de la sortie des âmes.

Et l'esprit d'imitation devient receveur de l'âme, il la combat, il la reprend en chaque tourment à cause des péchés qu'il lui a fait faire ; il est donc en grande inimitié avec l'âme.

Et lorsque l'âme a accompli les châtiments dans le chaos selon les péchés qu'elle a faits, l'esprit d'imitation la fait sortir du chaos, la combattant, lui reprochant en chaque lieu les péchés qu'elle a faits, et il la conduit sur le chemin des archons du milieu, et lorsqu'il est arrivé à eux ils l'introduisent (l'âme) dans le mystère de la Destinée, et, si elle ne les trouve pas, ils cherchent leur Destinée.

Et ces archons châtient cette âme et selon ses

péchés et ce qu'elle mérite. Et je vous dirai le type de leurs châtiments en l'émanation du Plérôme.

S'il arrive donc qu'ait été accompli le temps des châtiments de cette âme dans les jugements des archons du milieu, l'esprit d'imitation spirituelle emmène l'âme hors de tous les lieux des archons du milieu, il l'introduit en présence de la lumière du soleil selon l'ordre du premier homme Ieou, et il la place près du juge, à savoir la Vierge de lumière ; elle éprouve cette âme pour voir si elle la trouvera une âme pécheresse ; elle jette en elle sa vertu de lumière pour la maintenir avec le corps et avec l'union des sens. De tout cela je vous dirai le type, lorsque je vous dirai l'émanation du Plérôme.

Et la Vierge de lumière scelle cette âme, elle en charge un de ses receveurs afin de la jeter dans un corps qui soit digne des péchés que l'âme a faits. Et en vérité, je vous le dis, elle ne laisse pas cette âme dans les changements du corps, sans que celle-ci ait donné son dernier siècle selon ce qu'elle méritait.

Et de tout cela je vous dirai le type, ainsi que le type des corps en lesquels on les jettera selon les péchés de chaque âme, tout cela je vous le dirai lorsque j'aurai fini de vous dire l'émanation du Plérôme.

*Ame qui n'a pas écouté l'esprit d'imitation
spirituelle en toutes ses œuvres.*

Devenue bonne, a reçu les mysteres de la lumière qui sont dans le deuxième emplacement ou même ceux du troisième.

Si le temps de cette âme s'est accompli pour sortir du corps, alors l'Esprit d'imitation spirituelle s'ajoute à cette âme, ainsi que la Destinée ; il s'ajoute à elle dans le chemin par lequel elle entrera dans les hauteurs et avant qu'elle ne soit rendue loin dans les hauteurs *elle dit le mystère de la dissolution des sceaux et de tous les liens de l'esprit d'imitation spirituelle*, celui que les archons ont attaché à l'âme et lorsqu'il a été dit le lien de l'esprit d'imitation spirituelle se dissolvent et il la laisse selon ce qui a été dit...

. . . .

et aussitôt elle devient un grand jet de lumière lumineux, elle traverse tous les lieux des archons et toutes les hiérarchies des ténèbres jusqu'à ce qu'elle soit arrivée au lieu de son royaume dont elle a reçu le mystère.

ÉVOLUTION DE L'AME DE L'INITIÉ (1)

La même, c'est une âme qui a reçu le mystère

(1) Suivre ces phases sur le grand tableau général.

dans le premier emplacement extérieur, si, après qu'elle a reçu les mystères et les a accomplis, elle se retourne alors et fait le péché de nouveau après l'accomplissement des mystères et ne s'est accompli le temps où cette âme doit sortir du corps,

. . . .

. . . .

et en cette heure, l'âme dit un mystère afin de ne pas retenir l'Esprit d'imitation pneumatique et la Destinée, de la laisser la suivre, mais sans avoir la moindre puissance.

En cette heure, les Receveurs de cette âme avec les mystères qu'elle a reçus arrivent, ils saisissent cette âme des mains des Receveurs pacifiques et les receveurs se retirent dans les œuvres des archons selon l'économie de faire sortir les âmes ; et de même les receveurs de cette âme, ceux qui appartiennent à la lumière, deviennent des ailes de lumière à cette âme est un vêtement de lumière pour elle, et ne les traduisent pas dans le chaos, *parce qu'il n'est pas permis d'introduire dans le chaos une âme qui a reçu les mystères ;* mais ils la mettent sur le chemin des archons du milieu, et, lorsqu'elle est arrivée aux archons du milieu, les archons viennent au devant de cette âme, étant dans une grande crainte et un grand trouble, avec des visages divers, en un mot étant dans une grande crainte incommensurable.

Et en cette heure, l'âme dit le mystère de leur

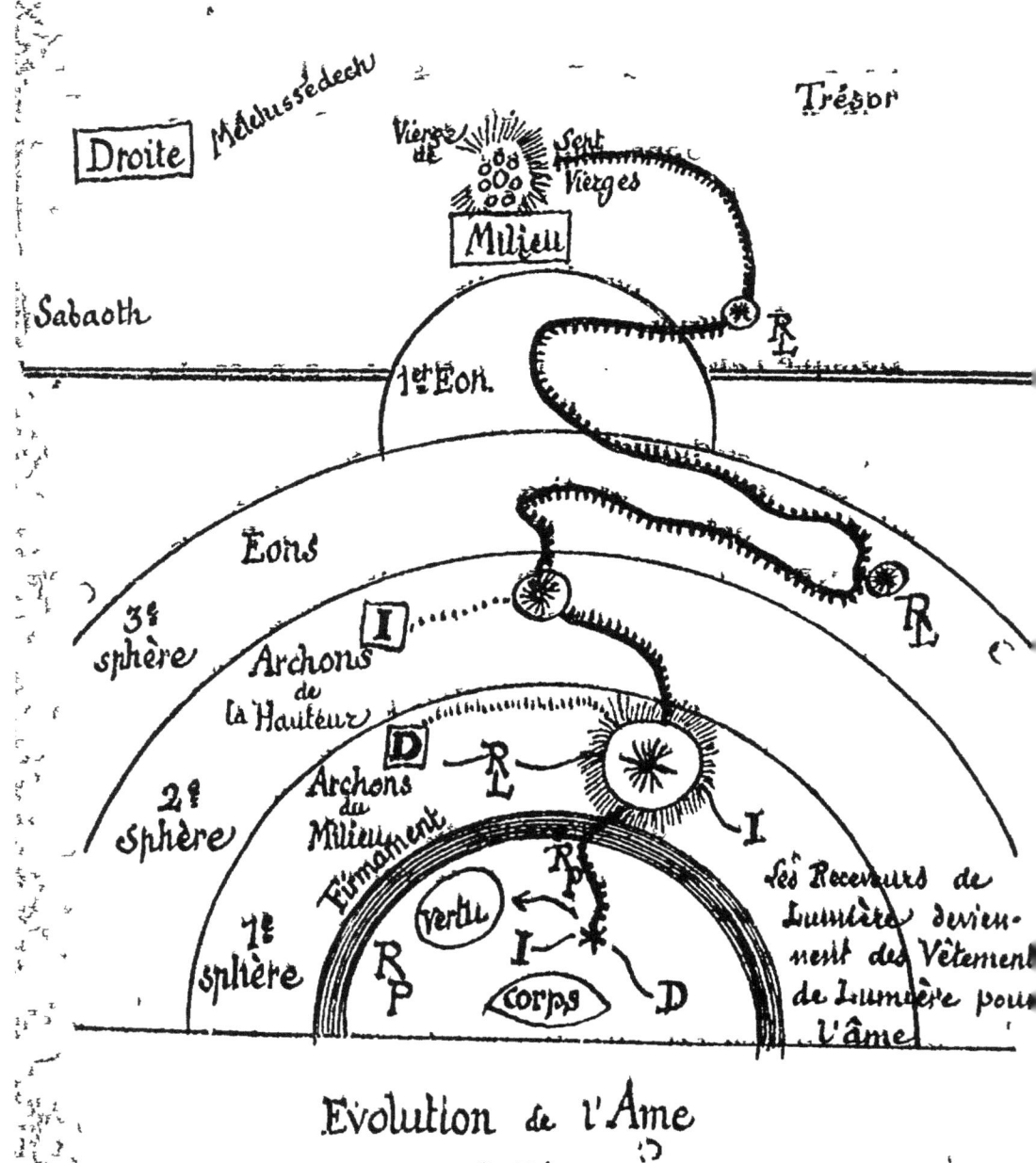

Évolution de l'Âme de l'Initié.

(Lire 13e Éon au lieu de 1er Éon). L'Âme est figurée par une étoile dans un ce
R. P. — Receveurs Pacifiques. — R. L. — Receveurs de Lumière.
D. — Destinée. — I. — Esprit d'Imitation.

apologie, et ils craignent grandement, ils tombent sur leur visage, craignant en présence du mystère qu'elle a dit et de leur apologie, et cette âme et elle leur abandonne leur Destinée en leur disant : « Prenez pour vous votre Destinée, je ne viendrai pas en votre lieu à partir de cette heure, je vous suis devenue étrangère à jamais, je vais aller au lieu de mon héritage ».

Lorsque l'âme aura fini de dire ces paroles, les Receveurs de lumière l'introduiront dans le plan du Destin où elle donnera l'apologie de ce lieu et de ses sceaux que je vous dirai en vous disant l'émanation du plérôme. Et elle donnera l'Esprit d'imitation pneumatique aux archons, et elle leur dira le mystère des liens dont on l'a attachée, et elle leur dira : « Prenez pour vous votre Esprit d'imitation pneumatique, je ne viendrai plus en votre lieu a partir de cette heure, je vous suis étrangère à jamais. » Et elle donnera à chacun son sceau et son apologie. Et quand l'âme aura fini de dire ces paroles, les receveurs de la lumière voleront avec elle dans les hauteurs et ils l'introduiront dans tous les éons (1); elle donnera à chacun son apologie et l'apologie de tous les lieux, les sceaux et les tyrans du roi Adamas (2), elle donnera l'apologie de tous les archons de tous les lieux de gauche. Et de nou-

---

(1) J'ai supprimé une répétition qui obscurcirait le texte.
(2) Treizième éon (p).

veau les receveurs introduiront cette âme près de
la Vierge de lumière et de nouveau cette âme donne
à la Vierge de la lumière les sceaux et la gloire des
hymnes, et la Vierge de la lumière et les sept autres
Vierges de la lumière éprouvent toutes cette âme,
afin que toutes elles trouvent leurs signes en elle,
leurs sceaux, leurs baptêmes, leurs onctions ; et la
Vierge de la lumière scelle cette âme et les receveurs
de la lumière baptisent cette âme afin de lui donner
l'onction pneumatique. Et chacune des vierges de
la lumière la scelle de son sceau, et de nouveau les
receveurs montent près du grand Sabaoth le Bon
qui est près de la porte de vie dans le lieu de ceux
de droite, celui qu'on appelle le Père et cette âme
lui donne la gloire de ses hymnes, de ses sceaux et
de ses apologies, et le grand Sabaôth la scelle de
ses sceaux et l'âme donne sa science et la gloire
des hymnes et des sceaux à tout le lieu de ceux qui
sont à droite ; tous, ils la scellent de leurs sceaux,
et Melchissédec, le grand receveur de la lumière
qui habite le lieu de ceux qui sont à droite, scelle
alors cette âme et tous les receveurs de Melchissédec scellent cette âme et Melchissédec l'introduit dans le Trésor de la lumière. Elle donne la
gloire, l'honneur et la glorification des hymnes
avec tous les sceaux de tous les lieux de la lumière
et tous ceux du lieu du trésor de la lumière la
scellent de leurs sceaux, et elle s'en va dans le lieu
de l'héritage.

Celui donc qui recevra la parole unique de ce mystère que je vous ai dit, lorsqu'il sera sorti du corps de la matière des archons, que seront allés les receveurs pacifiques, qu'ils l'auront délié du corps de la matière des éons — car les receveurs pacifiques, ce sont eux qui détachent toute âme qui sortira du corps — lors donc que les receveurs pacifiques auront détaché l'âme qui a reçu ce mystère unique de cet ineffable, celui que je viens de vous dire à l'instant, alors en cette heure où elle sera détachée du corps de la matière, elle deviendra un grand jet de lumière au milieu de ces receveurs, et les receveurs craindront grandement en présence de la lumière de cette âme, ils défailliront, ils tomberont, ils cesseront tout à fait (d'agir) par crainte de la grande lumière qu'ils auront vue. Et l'âme qui aura reçu le mystère de l'ineffable, elle montera en haut, étant un grand jet de lumière, et les receveurs ne pourront pas la saisir et ne sauront pas quel est le chemin où elle ira, car elle est devenue un jet lumineux, qu'elle va en haut, et aucune vertu ne pourra la retenir le moins du monde, ne pourra même l'approcher, mais elle passera à travers tous les lieux des archons et tous les lieux des émanations de la lumière, et elle ne donnera de sentence en aucun lieu, et elle ne donnera point d'apologie, elle ne donnera point de symbole, car aucune des vertus des archons, aucune des vertus des émanations de la lumière ne pourra s'approcher de cette âme ; mais tous les lieux des archons et tous les lieux des émanations de la lumière, chacun d'eux lui chantera un hymne en leur lieu, remplis de crainte en présence de la lumière du jet qui revêtira cette âme jusqu'à ce qu'elle les ait tous traversés, qu'elle soit allée au lieu de l'héritage du mystère qu'elle a reçu, et c'est le mystère de cet être unique et ineffable, qu'elle soit unie à ses membres.

ÉCLAIRCISSEMENT SUR LES RECEVEURS

Et voici comment les anges de lumière visitent les frères de bonne conduite, comme on le lui révéla une foule de fois de la part du Seigneur. Si c'est un homme bon qui est couché, trois anges viennent à lui selon le degré de la conduite de celui qui est couché ; s'il il est élevé dans ses actions, on lui envoie de même des anges élevés et glorieux pour le conduire à Dieu ; s'il est petit en ses vertus, on lui envoie de même des anges inférieurs... Au moment où l'homme est sur le point de rendre son âme, l'un des anges se tient près de sa tête, un autre à ses pieds, sous la forme d'hommes qui l'oignent d'huile de leurs propres mains, jusqu'à ce que l'âme sorte de son corps ; l'autre déploie un grand vêtement spirituel pour l'en revêtir avec gloire.

Est-elle cette âme d'un homme saint, on la trouve belle de forme et blanche comme neige. Et lorsque l'âme est sortie du corps dans le vêtement, l'un des anges prend les deux extrémités du vêtement par derrière, et l'autre par devant, comme pour un corps que lèvent les hommes de la terre; et l'autre ange chante en avant dans une langue que personne ne connaît, pas même ceux qui virent cette vision, qui sont notre père Pakôme et Théodore ; car ils ne savent pas ce que les anges chantaient, ils entendirent seulement l'ange chantant et disant *alleluia*. C'est ainsi qu'ils marchent avec l'âme, dans l'air, vers l'Orient, marchant non à la manière des hommes qui marchent avec leurs pieds ; mais glissant dans leur marche comme l'eau qui coule, parce qu'ils sont des esprits. Ils marchent avec l'âme vers les hauteurs, afin qu'elle voie les bornes de la terre habitée depuis une extrémité jusqu'à l'autre, qu'elle voie toute la création et qu'elle rende gloire à Dieu qui l'a créé. Après cela, on lui montre le lieu de son repos, selon l'ordre du Seigneur, afin qu'après qu'elle sera allée dans le lieu de son repos à cause des bonnes œuvres qu'elle a faites, elle connaisse aussi les châtiments dont elle a été sauvée et qu'elle bénisse encore davantage le Seigneur qui l'a sauvée de toutes ces souffrances par les bontés de Notre-Seigneur Jésus le Christ (1) ».

(1) E. Amélineau, *Monum. pour servir à l'hist. de l'Ég. chrét.*, II, vie de Pakôme, p. 121-113.

IV

Jésus et l'Initiation.

> Où sont donc, ô Egypte, ou sont les divinateurs et les horoscopes et ceux qui n'incantent pas la terre et ceux qui incantent par leurs ventres ? Qu'ils t'enseignent de cette heure les œuvres que fera le Seigneur Sabaôth !
>
> (Isaïe, ch. xix, v. 12)

Donc *la vertu* qui était en Isaïe le prophète a prophétisé ainsi avant ta venue et elle a prophétisé à ton sujet que tu enlèverais la vertu des archons, des éons, que tu changerais leur Sphère et leur Destinée afin qu'ils ne sachent rien désormais. C'est pourquoi elle a dit : Vous ne saurez point ce que fera le Seigneur Sabaôth, c'est-à-dire : Nul parmi les archons ne sait ce que tu leur feras à partir de cette heure, c'est-à-dire de l'Egypte, car ce sont la matière. La vertu donc qui était dans le prophète Isaïe a prophétisé à ton sujet autrefois en disant : « A partir de cette heure vous ne saurez pas ce que leur fera le Seigneur Sabaôth » à cause de la vertu de lumière que tu as reçue de la main de Sabaôth le bon, celui qui est dans le lieu de droite, vertu qui, aujourd'hui, forme ton corps physique. C'est pourquoi tu nous as dit, ô mon Seigneur Jésus : Que celui qui a des oreilles pour entendre, entende ! car tu sais quel est celui dont le cœur est sapide pour entrer dans le royaume des cieux.

CRÉATION DU CHRISTIANISME

Involution des principes célestes qui viennent constituer les individualités terrestres qui vont créer le christianisme.

L'homme possède en lui-même le principe de sa propre ascension. Qu'il réunisse, par un moyen quelconque, son esprit immortel à la vertu céleste qui l'accompagne durant sa vie dans le corps physique, et il devient un *participant du premier mystère*, dira Valentin, *un saint*, dira le catholicisme, *un chrestos ou un christos*, diront les écoles d'initiation du degré élémentaire, *il ne renaîtra plus*, il participera au Nirvana, diront les orientaux et les écoles brahmaniques. Or ici se cache un piège redoutable qu'il est important de signaler.

Toute évolution suppose une ou deux involutions, tout homme qui devient Dieu nécessite un Dieu qui s'est fait homme, comme l'évolution d'un aliment dans l'intestin nécessite la descente de deux forces d'origine supérieure : le sang et la force nerveuse.

C'est faute de cette remarque du *courant de sacrifice et d'amour* qui précède la voie rude de l'initiation et de l'évolution de l'âme humaine que les initiations naturalistes d'Orient ont conduit beaucoup de leurs adeptes à croire que « l'état de Christ » était un plan d'existence psychique que tout homme pouvait atteindre et qui ne nécessitait pas l'effort constant du principe céleste Christ, seul capable par son involution de ramener à lui les âmes évoluées.

De même que la comète, véritable globule sanguin de l'Omnivers, comme disait Michel de Figanières, vient, à certaines périodes, redonner la vie des centres supérieurs aux familles solaires, de même *outre le courant constant* d'involution divine et d'évolution des âmes humaines, il faut, à certaines époques, une grande descente Divine, suivie d'une grande montée d'âmes pour donner à Dieu l'occasion de manifester son amour absolu en devançant le temps de réintégration de l'Humanité totale.

Ne pas voir l'existence *comme individualité céleste* de la Vierge de lumière, du Christ et des autres principes, c'est s'arrêter en route, stationner dans ce *plan mental* qui conduit au panthéisme matérialiste, mais fermer volontairement les yeux sur l'existence du *plan céleste* que les vertus du cœur, l'amour et la prière atteignent bien plus rapidement que les forces mentales, la critique et le raisonnement.

Avoir uni l'amour céleste manifesté par la grâce et la rédemption à l'amour de l'homme pour le ciel, manifesté par la prière et le sacrifice, c'est là tout le secret de la puissance des chrétiens, des blancs, illuminés par le Christ et qui sont appelés à régir la terre entière le jour où ils remplaceront la loi de violence par la loi de tolérance et d'amour (1).

Valentin va nous décrire la descente des principes célestes qui viennent préparer le salut de la race blanche en constituant le christianisme. C'est là tout un chapitre de cette *histoire secrète* du Sauveur, réservée, dans les premiers siècles, aux initiations les plus élevées.

INCARNATION DE JÉSUS

Après cela il arriva donc que, par l'ordre du Premier mystère, je regardai de nouveau en bas vers le monde de l'humanité; je trouvai Marie, celle que l'on nomma ma mère selon le corps

(1) Voyez à ce sujet les beaux articles d'*Amo* dans l'*Initiation* et les autres journaux spiritualistes.

matériel ; je lui parlai aussi sous la figure de Gabriel et, lorsqu'elle fut tournée en haut vers moi, je jetai en elle la *première vertu* que j'avais reçue des mains de Barbilo, c'est-à-dire le corps que j'ai porté en haut, et au lieu de l'âme, je jetai en elle *la vertu* que j'avais reçue de la main du grand Sabaôth le bon, celui qui existe dans le lieu de droite (1). (Pv. 7).

LA VIERGE MARIE

C'est de *la Vierge de lumière* qu'est issue Marie la mère de Jésus.

Toi aussi, ô Marie, toi qui as pris forme dans Barbilo selon la matière, et tu as pris une ressemblance avec les vierges de la lumière selon la lumière, toi et l'autre Marie la bienheureuse, les ténèbres ont existé à cause de toi et encore de toi est sorti le corps hylique que j'habite et que j'ai purifié. (P. 60.)

L'extrait suivant va nous faire pressentir un nouveau et profond mystère.

Jésus en tant qu'homme vit jusqu'à l'âge de douze ans de la vie terrestre. C'est seulement à cet âge que sa vertu divine prend réellement possession de son être physique. Les adeptes des écoles d'initia-

---

(1) Ainsi contrairement à la constitution habituelle des êtres humains tous les principes devant constituer la personnalité du Christ viennent du plan céleste. Dans l'homme ordinaire la vertu céleste (qui ne s'incarne pas) vient seule de ce plan.

tion naturaliste verront là l'union des principes inférieurs et des principes supérieurs de l'homme pour constituer le Christ. On dirait que le docteur gnostique a prévu, à travers les siècles, l'erreur à éviter dans ce cas ; car il prend soin de décrire avec grands détails l'involution, la descente de chacun des principes célestes qui va se matérialiser pour constituer un être terrestre.

INCARNATION DE L'ESPRIT DE JÉSUS

Marie donc prit la parole, elle dit : « Mon Seigneur, quant à la parole que ta vertu a prophétisée par David, à savoir : La pitié et la vérité se sont rencontrées, la justice et la paix se sont baisées ; la vérité a fleuri sur la terre et la justice a regardé du haut du ciel, ta vertu a prophétisé cette parole autrefois à ton sujet.

« Lorsque tu étais petit, avant que l'Esprit ne fût descendu sur toi, alors que tu te trouvais dans une vigne avec Joseph, l'Esprit est descendu des hauteurs, il est venu à moi dans ma maison, te ressemblant, et comme je ne le connaissais pas et que je pensais que c'était toi, il m'a dit : « Où est Jésus mon frère, afin que je le rencontre ? » Et lorsqu'il m'eut dit cela, je fus dans l'embarras, et je pensais que c'était un fantôme pour m'éprouver ; je le pris, je l'attachai au pied du lit qui était dans ma maison, jusqu'à ce que je fusse allée vous trouver dans le champ, toi et Joseph, et que je vous eusse trouvés dans la vigne. Joseph était occupé à mettre la vigne en échalas. Il arriva donc que, m'ayant entendu dire cette chose à Joseph, tu compris la chose, tu te réjouis et tu dis : « Où est-il, que je le voie ? Non, je l'attends en ce lieu. » Et il arriva que Joseph t'ayant entendu dire ces paroles, fut dans le trouble, et nous allâmes ensemble, nous entrâmes dans la maison, nous trouvâmes l'Esprit attaché au lit, et nous te regardâmes avec lui, nous trouvâmes que tu lui ressemblais. Et celui qui était attaché au lit se délia, il t'embrassa, il te baisa et toi aussi tu le baisas, *vous ne devintes qu'une seule et même personne.*

« Voilà donc la chose et son explication : la pitié c'est l'Esprit qui est venu des hauteurs par le premier mystère afin qu'il prît pitié du genre humain ; il a envoyé son Esprit pour pardonner les péchés du monde entier, afin que les hommes reçussent le mystère, qu'ils héritassent le royaume de lumière. La vérité aussi, c'est la vertu qui a habité en moi, venue de Barbilô ; elle est devenue ton corps hylique et elle a fait le héraut sous le lieu de la vérité. La justice, c'est ton Esprit qui a amené tous les mystères d'en haut, afin de les donner au genre humain. La paix aussi, c'est la vertu qui a habité en ton corps hylique selon le monde, ce corps qui a baptisé le genre humain, afin de le rendre étranger au péché et de le rendre en paix avec ton Esprit, afin qu'ils soient en paix avec les émanations de la lumière, c'est-à-dire afin que la justice et la paix se baisent. Et selon ce qui a été dit : La vérité a fleuri sur terre, la vérité c'est ton corps hylique qui a poussé en moi dans la terre des hommes, qui a fait le héraut sous le lieu de la vérité ; et encore selon ce qui a été dit : La justice a fleuri hors du ciel, la justice c'est la vertu qui a regardé du ciel, celle qui donnera les mystères de lumière au genre humain et les hommes deviendront justes, ils seront bons, ils hériteront le royaume de lumière. »

LES DOUZE APOTRES

De même que l'âme du Christ et de Marie, les âmes des douze apôtres ne viennent pas du monde des archons, mais bien du plan céleste, ainsi que nous l'affirment les extraits suivants :

Réjouissez-vous donc, soyez dans l'allégresse, car lorsque je suis venu vers le monde dès le commencement, j'ai amené avec moi douze puissances ainsi que je vous l'ai dit dès le commencement ; je les ai reçues de la main des douze sauveurs du Trésor de lumière, selon l'ordre du premier mystère. Ces puissances donc je les ai jetées dans le sein de ma mère dès mon arrivée dans le monde et ce sont elles qui sont maintenant dans vos corps. (P. 8.)

« Et les douze vertus des douze sauveurs du Trésor de lumière que j'avais reçues des mains des douze dieux du milieu, je les jetai dans la sphère des archons et les dieux des archons avec leurs liturges pensaient que c'étaient des âmes des archons ; et les liturges les amenèrent ; je les attachai dans le corps de vos mères, et, lorsque votre temps eut été accompli, on vous mit au monde sans que vous eussiez en vous des âmes des archons. »

ROLE DES APOTRES

« En vérité, en vérité, je vous le dis : je vous rendrai parfaits en tous les Plérômes, depuis les mystères de l'intérieur jusqu'aux mystères de l'extérieur, je vous remplirai de l'Esprit, de sorte qu'on vous appellera pneumatiques, parfaits de tous les Plérômes ; et en vérité, en vérité, je vous le dis, je vous donnerai tous les mystères de tous les lieux de mon Père et de tous les lieux du premier mystère, *afin que celui que vous introduirez sur terre on l'introduise dans la lumière d'en haut et que celui que vous rejetterez sur terre on le rejette dans le royaume de mon Père qui est dans les cieux.* » (P. 32.)

Ainsi, Valentin le docteur gnostique, auteur de *Pistis Sophia*, est formel. Toutes les manifestations terrestres qui ont présidé à la naissance du christianisme sont des *personnes* du plan céleste. C'est par une sublime involution divine que l'évolution des âmes est rendue possible. Voilà le caractère élevé et particulier du christianisme, l'origine de ses mystères les plus profonds. Chaque race humaine peut être l'objet d'un messianisme spécial ; mais, à chaque nouveau messianisme, la race nouvelle se présente sur un plan plus élevé de la spirale évolutive. La race blanche est celle qui a appelé la dernière manifestation divine ; n'est-il pas juste, d'après les lois mêmes de l'évolution dans le temps et dans l'espace, que cette manifestation ait été plus élevée que les précédentes et qu'elle ait, par suite, nécessité une involution d'ordre également plus élevé ? Nous livrons la méditation de ces idées à ceux qui savent réellement ce qu'est la méthode analogique et les lois mystérieuses qu'elle traduit.

LES DEUX VÊTEMENTS (p. 9).

Le premier a en lui la gloire entière de tous les noms de tous les mystères et de toutes les émanations des hiérarchies des emplacements de l'ineffable.

Et le second vêtement a en lui la gloire des noms de tous les mystères et de toutes les émanations qui existent dans les hiérarchies des deux emplacements du premier mystère.

Et ce vêtement que nous avons envoyé présentement est en lui la gloire du nom du mystère du commandant qui est le premier ordre et le mystère des cinq gouffres, et le mystère du grand ambassadeur de l'ineffable qui est cette grande lumière, et le mystère des cinq prohégonomères qui sont les cinq parastates.

***

Nous avons assisté à la naissance d'une grande période.

Comme toujours la loi est universelle, et des périodes secondaires vont prendre naissance.

En effet, chaque vie humaine reproduit les deux chûtes et les deux voies de salut possibles.

La première chûte est celle de l'âme dans le corps de chair; la seconde, toujours évitable, est la prise totale de l'âme par les passions et son " *écorcification* " progressive.

La première voie de salut est la reprise de l'âme hors des attractions de la chair, par la sainteté de la vie terrestre et la charité totale.

La seconde voie, complémentaire de celle-ci, est la création de l'être total par la fusion des deux âmes sœurs. C'est en humain, l'image de la rédemption opérée par le Christ et c'est une clef très importante de la voie, de la vérité et de la vie.

V

La clef du salut de l'âme incarnée ou l'initiation évangélique.

L'homme est sur terre pour réunir ses éléments inférieurs à ses éléments divins, et cela ne peut se faire que par *l'initiation* qui transforme en pneumatiques les hyliques.

L'âme qui n'a pas été initiée doit revenir *dans un corps qui la conduira à la voie de l'initiation*. Ce sont là des vérités courantes et dont on retrouve tous les éléments jusque dans les écoles inférieures d'Orient, qui croient, du reste, avoir atteint, par cet enseignement, toute la vérité. Il n'en est rien.

Si l'âme, pour être sauvée et échapper définitivement au « torrent des générations », doit être initiée, il est juste de déclarer que le Christ a multiplié les voies de cette initiation.

A côté de l'initiation strictement personnelle et basée sur la souffrance et le sacrifice, Jésus vient, grâce à l'Évangile, dévoiler de multiples voies d'ascèse adaptables à tous les genres d'êtres humains. Il vient de plus affirmer que l'initié, le saint (dirait le chrétien), le pneumatique ou l'apôtre a droit *de remettre les péchés* et d'initier directement les âmes qu'il juge susceptibles de recevoir cette grâce.

Valentin nous révèle de plus les liens qui rattachent l'ancien et le nouveau testament dans le cours des éclaircissements que Jésus donne à ses disciples qui l'interrogent.

C'est donc un peu de *l'ésotérisme des évangiles* que va nous révéler toute la portion de « Pistis Sophia » dont il nous faut maintenant nous occuper.

RÔLE DE JÉSUS

C'est pourquoi je vous ai dit autrefois. CHERCHEZ AFIN QUE VOUS TROUVIEZ. Je vous ai donc dit : Vous chercherez les mystères de la lumière, ceux qui purifient le corps de la matière, et ils vous rendront pure lumière grandement pure.

En vérité, je vous le dis, la race de l'humanité est hylique. Je me suis fatigué, je leur ai amené tous les mystères de la lumière afin de les purifier, car ils sont la lie de toute matière de leur matière, car autrement aucune âme de la race entière de l'humanité ne serait sauvée et ne pourrait hériter le royaume de la lumière, si je ne leur avais apporté les mystères purificateurs. Car les émanations de la lumière n'ont pas besoin de mystère, puisqu'elles sont pures ; mais le genre humain a besoin de purification, parce que tous les hommes sont des lies de matière. C'est pourquoi je vous ai dit autrefois : Ceux qui se portent bien n'ont pas besoin de médecin, mais ceux qui sont mal ; c'est-à-dire ceux de la lumière n'ont pas besoin de mystères, parce qu'ils sont des lumières pures, mais la race humaine, elle, en a besoin, parce qu'ils sont des lies hyliques.

C'est pourquoi annoncez à toute la race humaine, disant : Ne cessez pas de chercher le jour et la nuit jusqu'à ce que vous ayez trouvé les mystères purificateurs, et dites à la race de l'humanité : Renoncez au monde entier et à toute la matière qu'il contient, car celui qui achète et qui vend en ce monde, celui qui mange et qui boit de sa matière, qui vit dans tous ses succès et dans toutes ses relations, se ramasse d'autres matières de sa matière, car ce monde, tout ce qui est à lui, toutes ses relations sont des résidus très hyliques et on interroge chacun d'eux sur leur pureté.

Car c'est pour les pécheurs que j'ai amené des mystères dans le monde, afin que je pardonne tous leurs péchés qu'ils ont faits depuis le commencement.

C'est pourquoi je vous ai dit autrefois *Je ne suis pas venu initier les justes :* maintenant donc j'ai amené les mystères afin que les péchés soient pardonnés à tous les hommes et qu'on les introduise dans le royaume de la lumière, car les mystères sont le don du premier Mystère, afin qu'il efface les péchés et les iniquités de tous les pécheurs.

JE SUIS VENU APPORTER LA DIVISION (*Clef du Baptême*)

Au sujet donc de la parole sur la rémission des péchés que tu nous as dite autrefois en parabole en disant : Je suis venu jeter du feu sur la terre, et qu'est-ce que je veux sinon qu'il soit allumé ? ainsi tu as défini clairement, en disant J'ai un baptême dont il faut que je sois baptisé et comment serai-je retenu jusqu'à ce qu'il soit accompli ? Vous pensez que je suis venu jeter une paix sur la terre ? Non, mais je suis venu jeter une division. Car, à partir de maintenant, cinq seront dans une seule maison, trois seront divisés contre deux et deux contre trois.

Voilà mon Seigneur, ce que tu as dit clairement, la parole que tu as dite. *Je suis venu jeter un feu sur la terre, et qu'est-ce que je veux sinon qu'il soit allumé ?*

C'est-à-dire, mon Seigneur, que tu as apporté au monde les mystères du baptême et qu'est-ce qui te fait plaisir sinon qu'il dévore tous les péchés de l'âme, qu'il les purifie tous ?

Et ensuite tu l'as clairement défini en disant : *J'ai un baptême dans lequel je dois être baptisé, et comment serai-je retenu jusqu'à ce qu'il soit accompli ?* C'est-à-dire que tu ne resteras pas dans le monde jusqu'à ce que les baptêmes soient accomplis, qu'ils aient purifié les âmes parfaites. Et encore la parole que tu nous as dite autrefois : *Vous pensez que je suis venu jeter la paix sur la terre, non, je suis venu jeter une division, car, à partir de maintenant, cinq seront dans une seule maison, trois seront divisés contre deux et deux contre trois,* c'est-à-dire que le mystère des baptêmes que tu as apportés au monde a fait une division dans les corps du monde, parce que l'esprit d'imitation pneumatique, le corps et la Destinée, il les a séparés d'un côté et sur l'âme aussi, avec la vertu, il les as séparés d'un autre côté, c'est-à-dire que trois seront contre deux et deux contre trois. » (1)

RENDEZ A CÉSAR (*Clef de l'Évolution de l'Ame*)

Les quatre sens

Quand donc le Sauveur eut dit ces choses à ses disciples, il leur dit : Comprenez-vous la manière dont je vous parle ?

Marie s'élança de nouveau, elle dit : « Oui, mon Seigneur, je comprends la manière dont tu nous parles et je les comprendrai toutes. Maintenant donc, au sujet des paroles que tu nous dis, mon esprit en fait en moi QUATRE SENS et mon homme de Lumière me pousse, il est dans l'allégresse, il bouillonne en moi, voulant sortir de moi et entrer en toi.

---

(1) Voyez la constitution de l'Être humain au chapitre 3 de ce livre.

Maintenant donc, mon Seigneur, écoute que je te dise les quatre sens qui ont été en moi. (*Rendez à César.*)

1er sens. — Le premier sens qui a été en moi au sujet de la parole que tu as dite : Maintenant donc, l'âme donne l'apologie et le sceau de tous les archons qui sont dans le lieu du roi Adamas, et elle donne l'apologie, l'honneur et la gloire de tous leurs sceaux et des hymnes des lieux de la lumière. Au sujet de cette parole que tu nous as dite autrefois, lorsqu'on t'apporta ce denier, tu vis qu'il était d'argent et d'airain, tu demandas : Quelle est cette image ? Ils dirent : C'est celle du roi. Lorsque tu vis qu'elle était mélangée d'argent et d'airain, tu dis : Donnez au roi ce qui appartient au roi et donnez à Dieu ce qui est à Dieu (1). C'est-à-dire lorsque l'âme a reçu le mystère, elle donne apologie à tous les archons et, au lieu du roi Adamas, elle donne l'honneur et la gloire à tous ceux du lieu de la lumière ; et la parole à savoir *il a brillé* lorsque tu vis qu'il était d'argent et d'airain, c'est le type de celle en qui est la vertu de lumière, c'est-à-dire l'argent choisi et qui est en l'esprit d'imitation pneumatique, c'est-à-dire l'airain hylique. Voilà, mon Seigneur, le premier sens.

2e sens. — Le second sens aussi que tu as achevé de nous dire maintenant au sujet de l'âme qui a reçu les mystères, à savoir : Lorsqu'elle est allée au lieu des archons du chemin du milieu, alors ils sortent en avant d'elle dans une grande crainte grandement, grandement et l'âme lui donne le mystère de la crainte et elle craint devant elle et elle met la Destinée en son lieu, et elle met l'esprit d'imitation pneumatique en son lieu, et elle donne l'apologie et les sceaux à chacun des archons qui sont sur les chemins, et elle donne l'honneur, la gloire et la glorification des sceaux et des hymnes à tous ceux du lieu de la lumière.

(1) Voyez Math., XXII, 21, Marc : XII, 17 ; Luc, XX, 25.

Au sujet de cette parole, mon Seigneur, tu nous as dit autrefois par la bouche de Paul notre frère :

Donnez le cens à ceux qui ramassent le cens, donnez la crainte à ceux qui sont dignes de la crainte, donnez le tribut à ceux qui ramassent le tribut, donnez l'honneur à celui qui est digne de l'honneur et donnez la glorification à celui qui est digne de la glorification, et ne livrez rien à personne contre vous. C'est-à-dire l'âme qui a reçu les mystères donne l'apologie à tous les lieux. Voilà, mon Seigneur, le second sens.

3° sens. — Quant au troisième sens, il est au sujet de la parole que tu nous as dite autrefois : L'esprit d'imitation pneumatique est ennemi de l'âme, de sorte qu'il lui fait commettre tous les péchés et toutes les passions, et il la reprend dans les tourments à cause de tous les péchés qu'il lui a fait faire : en un mot, il est ennemi de l'âme en toute manière — au sujet de ce que tu nous as dit autrefois, à savoir : *Les ennemis de l'homme ce sont ses domestiques*, c'est-à-dire que les domestiques de l'âme ce sont l'esprit d'imitation spirituelle et la Destinée qui sont les ennemis de l'âme en tout temps, qui lui font commettre tous les péchés et toutes les iniquités. Voilà, mon Seigneur, quel est le troisième sens.

4° sens. — Quant au quatrième sens il est au sujet de la parole que tu nous as dite : Lorsque l'âme est sortie du corps, qu'elle marche dans le chemin avec l'esprit d'imitation pneumatique, si elle ne trouve pas le mystère de la dissolution de tous les liens et les sceaux, ceux qui attachent l'esprit d'imitation pneumatique, afin qu'il cesse de la combattre : si donc elle ne le trouve point, l'esprit d'imitation pneumatique introduit l'âme devant la Vierge de lumière qui est juge et la juge, c'est-à-dire la Vierge de lumière éprouve l'âme afin de trouver si elle a péché et de trouver aussi si elle a avec elle les mystères de la lumière, et elle là donne à l'un de ses receveurs, et son receveur l'emmène, la jette dans le corps et elle ne sort pas des changements du corps avant qu'elle ait donné le dernier sicle. Au sujet de cette parole donc, mon Seigneur, tu nous as dit autrefois : Sois d'accord avec ton ennemi tant que tu es avec lui sur la route, de peur que ton ennemi ne te livre au juge, que le juge ne te livre au serviteur, que le serviteur ne te jette en prison et tu n'en sortiras pas sans que tu aies donné la dernière obole. C'est pourquoi la parole a été dite clairement Toute âme qui sortira du corps qui marchera sur le chemin avec l'esprit d'imitation pneumatique et qui ne trouvera pas le mystère de dissoudre tous les sceaux et tous les liens, afin qu'elle détache l'esprit d'imitation pneumatique attaché à elle, eh bien, cette âme qui n'a pas reçu le mystère dans la lumière, qui n'a pas trouvé le mystère de dissoudre l'esprit d'imitation pneumatique qui lui est attaché, si donc elle ne l'a pas trouvé, l'esprit d'imitation pneumatique introduit cette âme près de la Vierge de la lumière et la Vierge de la lumière, qui est juge, livre cette âme aux mains de l'un de ses receveurs et son receveur la jette dans la sphère des éons, elle ne sort pas des changements du corps et elle ne donne pas le dernier sicle qui lui appartient !

Voilà, mon Seigneur, le quatrième sens.

L'INITIÉ SUR TERRE

Faut-il pardonner l'initié qui pèche puis se repend à chaque degré d'initiation.

Non seulement pardonnez-lui jusqu'à sept fois, mais en vérité, je vous le dis, pardonnez-lui jusqu'à sept fois une multitude de fois, donnez-lui à chaque fois les mystères depuis le commencement, ceux qui sont dans le premier emplacement depuis l'extérieur ; peut-être gagnerez-vous l'âme de ce frère là, afin qu'il hérite le royaume de la lumière. C'est pourquoi, lorsque vous m'avez interrogé autrefois en d'sant : Si notre frère pèche contre nous veux-tu que nous lui pardonnions jusqu'à sept fois ? — je vous ai répondu : *Non seulement jusqu'à sept fois, mais jusqu'à sept fois septante fois.* Maintenant donc pardonnez-lui une foule de fois, donnez-lui à chaque fois les mystères extérieurs, ceux qui sont dans le premier emplacement. En vérité, je vous le dis, celui qui *vérifiera* une seule âme et qui la sauvera, en surplus de la lumière qu'il a dans le royaume de la lumière, il recevra encore une gloire pour l'âme qu'il aura sauvée, de sorte que celui qui sauvera une foule d'âmes, en surplus de la gloire qu'il a dans la gloire, il recevra une foule d'autres gloires pour les âmes qu'il aura sauvées.

Car c'est à cause des âmes des hommes de cette sorte que je vous ai parlé autrefois en parabole, vous disant : SI TON FRÈRE PÈCHE CONTRE TOI, reprends-le lui-même entre toi et lui; s'il t'écoute, tu auras gagné ton frère ; s'il ne t'écoute pas, prends avec toi un autre (frère) ; s'il ne t'écoute point encore, ni cet autre (frère), mène-le à l'assemblée, s'il n'écoute pas ces autres qu'il soit pour nous comme un transgresseur et un scandale.

Et si celui-là n'est pas digne dans le premier mystère, donnez-lui le second ; et s'il n'est pas digne dans le second, donnez-lui successivement les trois, — c'est ce que signifie l'assemblée ; — et s'il n'est pas digne dans le troisième mystère, qu'il soit pour vous comme un scandale et comme un transgresseur.

Et la parole que je vous ai dite autrefois : *Toute chose se tiendra depuis deux témoins jusqu'à trois*, signifie que ces trois mystères témoignent contre son dernier repentir, et en vérité, je vous le dis, si cet homme-là se repent, il n'y a point de mystère qui lui pardonne ses péchés et reçoive son repentir, il n'y a pas le moins du monde moyen de l'écouter par quelque mystère que ce soit, à moins que ce ne soit par le premier mystère du premier mystère et les mystères de cet ineffable ; ceux-là seulement recevront le repentir de cet homme et lui pardonneront ses péchés, car ces mystères là sont miséricordieux et pitoyables, pardonnant en tous temps.

C'est à cause des hommes de cette sorte (les initiés par hypocrisie qui se moquent des mystères après les avoir reçus) que je vous ai parlé autrefois en parabole, disant : « La maison où vous entrerez, où l'on vous recevra, dites lui : La paix soit avec vous, et s'ils en sont dignes, que votre paix repose sur eux ; mais s'ils n'en sont pas dignes, que votre paix retourne sur vous. »

PAROLES DE JÉSUS (*A propos de repentances*)

Qu'heureux est tout homme qui s'humilie, car c'est lui dont on aura pitié. (P. 33.)

Celui dont l'Esprit sera intelligent, je ne l'empêche point, mais je l'exhorte tant et plus à dire le sens qui l'a incité. (P. 62.)

Quiconque sera rempli de l'Esprit de lumière afin qu'il s'avance et qu'il profère l'explication de ce que je dis, personne ne l'empêchera de parler. (P. 83.)

Le lieu où est votre cœur, là sera aussi votre trésor, c'est-à-dire le lieu où chacun aura reçu le mystère, il y restera. (P. 104.)

C'est moi la connaissance du Plérôme. (P. 119.)

Celui qui croit à un prophète, recevra le salaire d'un prophète, et celui qui croit à un juste, recevra le salaire d'un juste. (P. 119.)

Je pardonne et je pardonnerai, et c'est pour cela que m'a envoyé le premier mystère, afin que je pardonne les péchés de tout le monde. (P. 129.)

Et vous-même éprouvez-le (le récipiendaire de bonne foi), afin de savoir de quel mystère il est digne, et donnez-lui celui dont il est digne *et ne lui cachez rien*, car si vous lui cachez vous serez sujet à un grand jugement.

(P. 139.)

En vérité, en vérité je vous le dis, non seulement je vous révélerai toutes les choses sur lesquelles vous m'interrogez, mais dès maintenant je vous révélerai d'autres choses que vous ne pensez point à me demander, celles qui ne sont point montées au cœur de l'homme, celles que ne connaissent pas tous les autres Dieux qui sont dans les hommes.

(P. 154.)

LA VOIE D'INITIATION

Quiconque a du souci et souffre sous son fardeau, venez à moi et je vous soulagerai, car mon fardeau est léger et mon joug est doux.

Ce mystère (celui de l'ineffable) est le vôtre et celui de quiconque vous écoutera, renoncera à tout ce monde et à toute la matière qui est en lui, renoncera à toutes les pensées mauvaises qui sont en lui et à tous les soucis de cet Éon.

Quiconque renoncera au monde entier et à tout ce qui est en lui, qui se soumettra à la divinité, ce mystère lui sera plus facile de beaucoup que tous les mystères du royaume de la lumière.

THÉURGIE

Maintenant donc, ô Marie, non seulement vous, mais tous les hommes qui accompliront le mystère de la résurrection des morts, celui qui guérit des démons, des souffrances, de toute maladie, et aussi les aveugles, les boiteux, les manchots, les muets et les sourds, celui que je vous ai donné autrefois — celui qui recevra un mystère et qui l'accomplira, si ensuite il demande chose quelconque, pauvreté ou richesse, faiblesse ou force, maladie ou corps sain, ainsi que toutes les guérisons du corps, avec la résurrection des morts, la guérison des boiteux, des aveugles, des sourds et muets, de toute maladie et de toute souffrance, en un mot celui qui accomplira ce mystère, s'il demande toutes les choses que je viens de dire, elles lui seront accordées avec soin.

Quant au mystère de ressusciter les morts, de guérir les maladies, ne le donnez à personne et ne l'enseignez pas, car ce mystère, c'est celui des archons, lui et tous ses noms. C'est pourquoi ne le donnez à personne et ne l'enseignez pas jusqu'à ce que vous ayez affermi la foi dans le monde entier, afin que lorsque vous entrerez dans des villes ou des contrées, qu'ils ne vous recevront point à eux, ne croiront point en vous, n'obéiront point à votre parole, vous y ressuscitiez des morts en ces lieux-là, que vous guérissiez les boiteux, les aveugles, les maladies diverses en ces lieux-là et par tous ces moyens-là ils croiront en vous, ils croiront que vous prêchez le Dieu de Plérôme et ils ajouteront foi à toute parole venant de vous. C'est pourquoi je vous ai donné ce mystère, jusqu'à ce que vous ayez établi fermement la foi dans le monde entier.

En vérité, en vérité, je vous le dis, vous serez les premiers dans le royaume des cieux avant tous les Invisibles et tous les Dieux, sauf les archons qui sont dans le treizième éon et ceux qui sont dans le douzième éon, et non seulement vous, mais encore quiconque fera mes mystères. Quand il eut dit cela, il leur dit : « Comprenez-vous de quelle manière je vous parle ? » Marie s'élança de nouveau, elle dit : Oui, Seigneur, c'est ce que tu nous as dit autrefois, à savoir : Les derniers seront les premiers et les premiers seront les derniers, les premiers ceux qui ont été créés avant nous, donc ce sont les Invisibles ; ensuite ce sont ceux qui ont été créés avant l'humanité, eux et les Dieux et les archons, et les hommes qui recevront les mystères seront avant eux dans le royaume des cieux. Jésus lui dit : « Courage, Marie. »

Tu nous as dit autrefois : *Les premiers seront les derniers et les derniers seront les premiers*, c'est-à-dire les derniers toute la race des hommes qui seront les premiers dans le royaume de la lumière, à la manière de tous ceux qui sont dans le lieu des Hauteurs, ce seront eux qui seront les premiers. (Ps. 102.)

LA RÉINTÉGRATION TOTALE (*Réintégration des Apôtres*)

Maintenant donc, en vérité, je vous le dis, lorsque sera complet le nombre des parfaits et que le Plérôme montera, je m'assiérai dans le Trésor de Lumière, et vous aussi vous serez assis sur les douze vertus de lumière jusqu'à ce que vous ayez rétabli toutes les hiérarchies des douze Sauveurs dans le lieu de l'héritage pour chacun d'eux. Quand il eut dit ces choses, il dit : « Comprenez-vous ce que je dis ? » Marie s'avança encore, elle dit : « Seigneur, à ce sujet tu nous as dit autrefois dans une parabole : Vous avez supporté avec moi dans les tentations, je vous établirai un royaume comme mon Père me l'a établi, afin que vous mangiez, que vous buviez sur ma table dans mon royaume, et vous serez assis sur douze trônes pour juger les douze tribus d'Israël. Il lui dit : « Courage, ô Marie. »

Et dans la dissolution du monde, lorsque le Plérôme fera ascension, lorsqu'aura monté le nombre de toutes les âmes parfaites et lorsque je serai roi au milieu du dernier Parastate,

Alors tous ces hommes qui auront reçu le mystère en cet Ineffable seront co-régnants avec moi, ils seront assis à ma droite et à ma gauche en mon royaume. Et, en vérité, je vous le dis, ces hommes-là sont moi et moi je suis ces hommes-là. C'est pourquoi je vous ai dit autrefois : « *Vous serez assis à ma droite et à ma gauche en mon royaume et vous régnerez avec moi.* »

VI

TABLES ET CLEFS
de la traduction de Pistis-Sophia (1)

Repentances du Pistis (une par éon)

PSAUME

1re............	69e............	Marie
2e............	71e............	Pierre.
3e............	70e............	Marthe.
4e............	102e............	Jean.
5e............	88e............	Philippe.
6e............	130e............	André.
7e............	25e............	Thomas.
8e............	....	Mathieu.
9e............	35e............	Jacques.
10e............	120e............	Pierre.
11e............	52e............	Salomé.
12e............	109e............	André.
13e............	51e............	Marthe.

(1) Toutes les pages indiquées ci-dessous sont celles de la traduction de M. Amélineau. On est prié de s'y reporter.

Interrogations

Les 24 Invisibles, p. 95 à 97 : Marie.
Place des Initiés dans le ciel, p. 97 : Marie la Madeleine.
Les Parastates, p. 103 . Marie.
Ascension des âmes déjà au ciel, p. 105 : Jean.
Le Mystère et l'Ineffable, p. 1,2 . Marie-Madeleine.
Ceux qui meurent avant de connaître la parole méritent-ils du royaume ? p. 119 . Marie-Madeleine.
Degré d'imitation et degré de lustres, p. 119 : Marie-Madeleine.
Les 12 Mystères et le Mystère unique, p. 121 : Marie-Madeleine.
Une année de la lumière a duré par rapport aux années du monde, p. 124, 3,650.000 : Marie Madeleine.
Comment les hommes traverseront-ils tous ces firmaments ? p. 126 : André.
Évolution de l'âme du juste, p. 135 : Marie.
Des pécheurs repentis, p. 136 : Jean.
Du pécheur initié et non repenti, p. 137 : Jean.
Condition d'Initiation, p. 139 . Jean.
Individus s'étant fait initier par hypocrisie, p. 140 : Jean.
Intercession du bon pour le pécheur, p. 142 : Marie.
Action des mystères annoncés par Jésus sur le destin des hommes, p. 143 : Marie.
Action des mystères sur la pauvreté, la faiblesse, la maladie. — Don du miracle, p. 144 : Marie.
Qui force l'homme à pécher, p. 145 : Marie.
Jésus examine successivement l'évolution de l'âme de celui qui a toujours péché, p. 147 · Jésus.
Jésus examine successivement l'évolution de l'âme de celui qui a résisté de son mieux à ses passions et qui a reçu les mouvements de l'initiation, p. 148 : Jésus

Jésus examine successivement l'évolution de l'âme de celui qui, après avoir reçu l'initiation, a encore péché, p. 149 : Jésus.

Marie donne les *quatre sens* de cette évolution en appuyant ses exemples de citations des Évangiles, p. 151 ; Marie.

Du Baptême, p. 164 : Marie.

TABLE ALPHABÉTIQUE

DE PISTIS-SOPHIA

<small>page de l'ouvrage de M. Amélineau</small>

Adamas, grand Tyran de tous les Tyrans qui sont dans tous les éons.....	13
Adamas	187
Akhthambas (les) impitoyables...............	135
Ames. Réincarnations....	5
Ame (des hyliques). Car tout homme qui est dans ce monde a reçu une âme venant des archons des éons...............	6
Ame. Résumé de l'évolution (récompenses).....	7
Ames. Jésus a avancé leur évolution...............	18
Ames des hommes et des animaux, création......	19
Ames humaines évoluées par Jésus...............	21
Ames. Toutes les âmes humaines qui auront reçu le mystère de la lumière précéderont tour	107
Ame. Sortie des corps....	116
Ame. Evolution par la mort	121
Ame. Evolution après le mystère...............	122
Ame (du juste), sortie du corps...............	135
Ame (évolution) Il n'est pas possible d'introduire une âme dans la lumière sans le mystère du royaume de la lumière.	136
Ame. Involution car....	145
Ame. De l'initié au premier degré...............	148
Ame pécheresse scellée de ses péchés par l'esprit d'imitation............	155
Ame (sortie)	106
Ames (dissolution)......	199
Anges (génération des)...	187
Anges (les transgresseurs ont enseigné la magie..	16
Antithèse. Opposition (Binaire)...............	108
Arrogant (l') un des trois Tridynamos	23
Arrogant (émanation)....	25
Ascension	3
Avarice................	131
Barbilo.................	7
Baptême (le) empêche les âmes de passer par le	

chaos...	154	Esprit d'imitation, attaché à l'âme par les archons.	148
Blasphémateur (châtiment)	200	Extrême-Onction (clef de l')...	122
Calomnie...	131		
Calomniateur (châtiment).	191	Faux témoignage...	131
Caresses mauvaises...	131	Gabriel (ange)...	7
Cérémonie (rémission des péchés)...	196	Gabriel...	66
		Hiérarchie des archons de la sphère...	187
Chaos inconnu aux âmes des initiés... 149 et	150	Homme (constitution : corps, imitation spirituelle, âme)...	22
Chute... 186 et	87		
Cohabitation (eaux de la chute)...	187	Homme (l') de lumière. Mon homme de lumière a des oreilles, dit Marie...	28
Corps hylique...	15		
Crédulité...	131	Homme (l') de lumière...	86
David (S. VII), clef,...	89	Homme de lumière. Mon homme de lumière a des oreilles...	101
David (ps. LXVIII), clef (1er Rep. de Pistis)...	28		
David (ps. LXX), clef (2e Rep. de Pistis)...	31	Iabraoth...	187
David...	84	Ialdabaoth. Matière de Pistis jetée dans le chaos	25
Derniers (les) seront les premiers...	51	Ialdabaoth...	132
Deux (les) vêtements de gloire...	9	Ineffables (pardon suprême...	141
Dieu. C'est un Dieu celui qui a trouvé les paroles des mystères du second emplacement du milieu.	130	Influences astrales (œuvres des)...	21
		Ineffable (l')...	108
Dieux (sens réel)...	154	Invisibles (les vingt-quatre) chacun est neuf fois plus grand que les douze éons ensemble...	95
Dieux tyrans...	41		
Dissolution du sceau (mystère)... 148 et	149		
Ecriture (Elie viendra préparer la voie du Christ) clef...	7	Jean-Baptiste. Mais il arriva que, lorsque je fus appelé par le milieu des archons et des éons, je regardai en bas le monde de l'humanité par l'ordre du premier mystère ; je trouvai Elisabeth, la mère de Jean-le-Baptiste, avant qu'elle ne l'ait conçu, je jetai en elle une vertu que j'avais reçue de la	
Ecriture. Où sont donc, ô Egypte, tes divinateurs et tes horoscopes (Isaïe, 19-12). Changement de direction donné par Jésus dans la sphère...	14		
Enfer...	147		
Esprit (l') esthétique...	33		
Esprit d'imitation.. 145 et	146		

main du petit Iaô le bon, celui qui est au milieu, afin qu'il pût prêcher avant moi et qu'il préparât ma vie, qu'il baptisât dans l'eau de la rémission des péchés ; c'est donc cette vertu qui est dans le corps de Jean Et de plus, au lieu de l'âme des archons qu'il était obligé de recevoir, je trouvai l'âme d'Elie, le prophète, dans les éons de la sphère, je la fis entrer et je pris son âme aussi, je l'amenai à la Vierge de lumière et elle à ses receveurs, ils la menèrent à la sphère des archons et ils la jetèrent dans le sein d'Elisabeth. C'est donc la vertu du petit Iaô, celui du milieu, et l'âme d'Elie le prophète qui sont attachées dans le corps de Jean-le-Baptiste (Elie)............ 7

Jean. Jean le vierge, qui commandera dans le royaume de la lumière.. 36

Jean se 118

Jésus le miséricordieux est doux de cœur........... 5

Jésus, sa puissance et son royaume............... 106

Jésus, sa royauté et ses pauvres........ 118

Jésus est le premier mystère qui *regarde en dehors;* son père est le premier mystère qui *regarde en dedans*....... 72

Iôa le grand............, 100

Iéou, le surveillant de Lumière................ 14

Iéou, surveillant de la lumière.. 49

Iéou, le père de mon père

Lance qui perce le flanc.. 195 (dit Jean)............. 187

Livres de Iéou......... 126

Lumière astrale......... 3

Lumière astrale......... 4

Lumière. Effet de vêtement de lumière, progression de 49 fois de la lumière................ 11 et 12

Lumière (astrale)........ 193

Magie...... 13

Magie des archons des éons.................. 15

Magie. Et de même les Incantateurs, s'ils invoquent le nom des archons, s'ils les rencontrent regardant à gauche, tout ce qu'ils demandent à leurs *dicans,* ceux-ci le leur diront avec certitude.. 10

Marie. Marie-la-Bienheureuse, toi que je rendrai parfaite en tous les mystères des habitants d'En-Haut, parle librement, ô toi dont le cœur est droit vers le royaume des cieux plus que tous tes frères. C'est toi qui seras le Plérôme de tous les plérômes et la Perfection de toutes les perfections 15

Marie-Madeleine (sa supériorité)............. 118

Maudit (l'homme qui), châtiment................. 197

Melchissédec, le grand re-

ceveur de lumière	19	paroles mauvaises, colère, malédiction, avarice, katalalie, lutte, ignorance, vilenie, emportement, adultère, meurtre, impureté, athéisme, préparations magiques, blasphème, enseignements trompeurs.	132
Melchissédec	99		
Melchissédec	151		
Meurtrier (châtiment)	198		
Michel	66		
Moïse. De par deux ou trois témoins toute chose se tiendra. Clef : les trois témoins sont Philippe, Thomas et Mathieu	38	Péchés (sceau)	155
Mort (la), étude détaillée	147	Péchés (ceux qui pardonnent les), leurs noms	195
Murmure	131	Pédérastie, châtiment (dissolution)	207
Mystères (les douze), dons qu'ils apportent	121		
Mystères complets : mystère du 12e éon des archons, leurs *sceaux*, leurs *chiffres*, la manière d'invoquer pour entrer dans leurs lieux ; le mystère du 18e éon ; mystère du Baptême d'une du Milieu, sceau et chiffre ; baptême de ceux de la droite, grand mystère du Trésor de la lumière	88	Philippe écrivait tous les discours que Jésus disait ; — Ecoute, Philippe le bienheureux, que je te parle, car c'est toi avec Thomas et Mathieu que j'ai chargé, dans le premier mystère, d'écrire toute chose que je dirai, toute parole que je ferai et toute chose que nous ferons 37 et	38
		Pistis Sophia	23
		Prière (de Jésus) 185 et	186
Mythologie (rapports)	187	Psaume XCV, clef	73
Odes de Salomon	78	Receveurs : receveurs de lumière, receveurs pacifiques et receveurs des ténèbres (analogie avec les anges), résumé	19
Orgueil, vantardise	131		
Orgueilleux (châtiment)	190		
Paraboles : A partir de ce jour, certes, je vous parlerai avec franchise, depuis le commencement de la vérité jusqu'à sa perfection et je vous parlerai visage contre visage, sans parabole	6		
		Receveurs pacifiques détachant toute âme qui sortira du corps	116
		Réincarnation (résumé)	7
Parabole (Samaritaine) : Donne-moi à boire	194	Sabaoth-le-Bon existe dans le *lieu de Droite*	7
		Sabaoth émane de Iéou	99
Pardon. Pardon suprême par l'ineffable	141	Sabaoth	151
		Sabaoth	187
Péchés divers : Dureté,		Sabaoth-le-Bon est dans le	

lieu de Droite	15	sphère des changements	153
Salomon	39	Tremblement de terre suivant l'ascension de Jésus.	4
Salomon (odes)	68		
Salomon	81		
Sauveur. C'est un sauveur et un Infini celui qui a trouvé les paroles des mystères et les paroles du troisième emplacement, qui est à l'extérieur	130	Vertus : soyez : aimant les hommes bons, pacifiques, miséricordieux, pitoyables ; servez les pauvres, les malades, ceux qui sont pressurés ; soyez pieux ; renoncez à tout	135
		Vierge de lumière	7
Sentence, apologie, symbole, clef de l'évolution.	117	Vierge de lumière	122
		Vierges (les sept) de la lumière	150
Sentence, apologie, symbole, chiffre, sceau	126	Voleur (châtiment)	197
Sphère (la) des éons est la		Zodiaque 100 et	191

VII

Conclusion générale

RAPPORTS AVEC L'OCCULTISME. — LES TROIS STADES D'ÉVOLUTION PSYCHIQUE. — LE SECTARISME ET L'UNITÉ.

Le lecteur vient de se faire une idée du système très curieux exposé par Valentin. Un commentaire nous a semblé nécessaire pour guider les chercheurs dans la lecture de *Pistis Sophia* ; efforçons-nous, maintenant, de rattacher ces divers mystères aux enseignements de l'occultisme.

Etant donné le sujet même de l'ouvrage gnostique, c'est surtout le plan spirituel et seulement la partie la plus élevée du plan astral qui feront l'objet de développements un peu étendus.

Ainsi, l'*Esprit d'imitation spirituelle* est bien le corps astral des occultistes, mais ce corps astral considéré seulement dans ses influences psychiques.

Le Sphinx symbolisait, par les trois animaux : bœuf, lion, aigle, regis par la tête humaine, les trois cercles d'attraction inférieure : l'instinct, la passion, l'imagination déréglée, opposés à la volonté et régis par elle. Or, ces trois cercles d'attract vers le bas constituent le domaine de l'Esprit d'imitation spirituelle, tandis que la Vertu céleste préside à la direction de la conscience spirituelle.

CONCLUSION GÉNÉRALE

Sur ces points, les révélations apportées par Valentin ne sont pas aussi intéressantes que les développements tout nouveaux qu'il donne à la question des agents chargés de présider à la naissance et à la mort terrestres et qu'il appelle des *Receveurs*, qui sont eux-mêmes qualifiés selon leur rayon d'action.

On peut affirmer sans crainte que ces données sur les êtres spirituels touchaient aux plus profonds mystères des temples d'initiation de l'antiquité, et si l'on sait que la Vierge de Lumière, le Père céleste (I A O), le Grand Receveur Melchissédec sont des enseignements réservés à la haute Kabbale, on se rendra compte de la lumière apportée dans les ténèbres extérieures par le docteur gnostique.

Mais il ne lui suffit pas de nous décrire les diverses routes qui s'offrent à l'âme après la mort, il insiste encore, et souvent, sur le rôle véritablement divin de la Vierge de Lumière qui offre aux âmes pécheresses le salut par la réincarnation. La clef des mystères de la naissance est ainsi donnée, dès le second siècle de notre ère, en même temps que la clef des mystères de la mort.

L'Eglise romaine qui a fait tous ses efforts pour dénaturer et pour ridiculiser les enseignements des gnostiques, n'a cependant jamais osé condamner la réincarnation, ainsi que nous l'a victorieusement démontré dernièrement le Dr Rozier (*Initiation*, 1898). C'est qu'il s'agit là d'un fait que l'expérience directe permet à tous les initiés de vérifier expérimentalement.

.·.

Mais laissons là ces considérations et insistons un peu sur la révélation évangélique.

Ce qui nous frappe tout d'abord, c'est le lien étroit établi entre les deux Testaments par les rapports des Psaumes avec l'Evangile.

Puis, nous voyons apparaître Jésus, tel qu'il fut conçu par les initiés capables de se rendre compte de son origine réellement divine et capables de savoir que le Fils de Dieu est un involué et non un évolué. « Jésus est le premier mystère *qui regarde en dehors*, son Père est le premier mystère *qui regarde en dedans.* »

Aussi, nous semble-t-il très utile de nous arrêter un instant ici et de nous demander pourquoi les occultistes occidentaux ont toujours été réellement et profondément chrétiens, tout en s'éloignant avec soin des influences cléricales qui remplacent souvent le domaine de Jésus par celui de César. Les occultistes veulent être tolérants même pour les clergés qui les attaquent et qui les calomnient, et ils doivent répandre la lumière même dans les ténèbres qui les repoussent. Ils doivent chercher à éclairer et à illuminer les âmes, mais sans les obliger à devenir occultistes plus qu'autre chose, car la vérité, comme Dieu, est partout, et il suffit de dissoudre les écorces pour la faire apparaître.

Un brahmine, passant chez des sauvages qui prophétisaient par les serpents, ne dit pas à ces sauvages de tuer les serpents et de se convertir au brahmanisme, il leur montra, au contraire, comment il fallait s'y prendre pour développer au maximum le don de prophétie du serpent; puis, il s'éloigna, sûr que l'Esprit universel conduirait par la suite les sauvages à la voie de l'Unité. Ainsi agit l'initié de toutes les religions. Il va au milieu des clergés, au milieu des sectaires du matérialisme et au milieu des profanes, et il les éclaire en les dirigeant vers le port de vérité que renferme chacune de leurs voies habituelles. Mais il se garde bien de les convertir par ruse ou par force ou par des dons à un culte particulier, car c'est l'Esprit lui-même du Christ, en action permanente sur la terre, qui ramènera dans la Lumière les âmes, et cela sans rigueur et sans violence.

Il ne faut pas, en effet, oublier qu'il y a trois stades de développement psychique dans chaque section d'études, et l'occultiste est soumis à cette règle comme tous les autres chercheurs jusqu'à ce qu'il ait pénétré dans le lieu de l'Unité — par la voie spirituelle.

Le premier stade, obligatoire pour tous quand on suit la voie intellectuelle, est le stade rationaliste. *Les faits* seuls frappent l'esprit sans que celui-ci s'inquiète des lois ou des principes, fait magnétique, fait spirite, fait magique, peu importe, il est indispensable pour asseoir la raison sur le roc de l'expérience. Là se trouve la clef des sciences physiques par la Kabbale élémentaire et les rudiments de l'alchimie.

Beaucoup de débutants se figurent que là s'arrête tout l'occultisme, et c'est en effet là que se trouve renfermé tout ce qui peut être utile à la propagande et à la diffusion des éléments de l'occulte.

Aussi, les Sociétés d'enseignement et de début, comme le *Groupe indépendant d'études ésotériques* et le 1er degré de la *Faculté des sciences hermétiques* sont-elles constituées pour amener l'étudiant à ce stade et pour lui permettre de manier la clef des arts et des sciences du plan physique.

La franc-maçonnerie, à partir du 18e écossais, fut aussi, dans l'origine, destinée à travailler sur la même voie, mais aujourd'hui, elle a dégénéré et n'atteint même pas ce premier stade.

Chose bien curieuse : l'intelligence humaine ne parvenant à ce point qu'après avoir créé son autonomie et après s'être débarrassée des enseignements purement mystiques et sans base expérimentale, se figure être parvenue à l'apogée de son développement, alors qu'elle n'en est qu'à l'enfance.

Aussi, ceux qui se prétendent des esprits libres affranchis du préjugé et de la superstition regardent-ils avec un profond dédain les frères parvenus aux degrés supérieurs et qui leur paraissent avoir dégénéré et régressé C'est une bien singulière erreur de l'intellect, et bien plus répandue qu'on se le figure.

Car autant il a fallu de persévérance et de courage intellectuel pour faire table rase et pour admettre le fait occulte avec ses conséquences, autant il en faut pour sortir de l'égoïsme de ce premier stade et pour commencer le développement du cœur et du sentiment, tandis que le seul développement cérébral était nécessaire au premier degré. Comment reprendre la lecture de l'*Imitation*, de l'*Évangile* ou même des livres de morale bouddhistes, comment parvenir à la certitude qu'il s'agit là de faits aussi positifs que les faits occultes, comment enfin ouvrir son être moral à la prière et aux influences d'en haut, quand on se croit *quelqu'un*, quand on s'est fait *centre* dans l'Univers ?

Il n'y a pour cela qu'une seule voie l'humilité et le retour au plan de communion universelle où la pierre, la plante et toutes les modalités de l'Ame du Monde s'unissent en un même et total remerciement. Cessez de vous croire quelqu'un ; ayez le sentiment que, devant l'Immense Puissance d'En haut, vous êtes à peine quelque chose, *fraternisez avec les inférieurs qui souffrent*, allez auprès des pauvres de cœur, d'esprit ou de corps et apprenez-leur à bénir les épreuves et à ne plus haïr, et lentement, votre libre raison, votre orgueilleuse volonté s'inclineront avec bonheur sans rien perdre de leurs qualités, et la vie du cœur s'éveillera en vous.

Alors, les faits s'effacent devant l'*idée* qu'ils révèlent et qu'ils traduisent, les divisions des religions et des sectes disparaissent dans l'amour universel des pécheurs et des faibles, et l'âme, enivrée par l'extase et l'Infini, fuit peu à peu ces bases terrestres, sur lesquelles doit s'exercer son activité.

L'illuminé devient un solitaire, un mystique ; c'est la voie de Swedenborg et de Claude de Saint-Martin, c'est là la route qu'indiquent les chevaleries spiritualistes dont le *Martinisme* est un exemple.

Mais l'être humain n'est complet que par l'union des âmes sœurs séparées durant l'incarnation physique, de même, l'Etre spirituel ne naît en l'homme dans toute sa splendeur que si, par un nouvel et plus considérable effort, l'homme réalise l'union du cerveau et du cœur, du Fait et de la Loi pour développer l'unité du principe.

Cette science illuminée par la foi, cette foi coagulée par la science, il faut les consacrer à l'évolution des faibles et des opprimés, et l'action, spirituelle plus encore que naturelle, doit maintenant être le but de celui qui aspire aux souffrances conscientes du 3e stade.

Toujours inconnu, il doit sauver ceux-là mêmes qui le bafouent et l'injurient, il doit leur éviter la douleur et la prendre sur lui au besoin. Et jamais il ne s'arroge le droit de faire montre de ses pouvoirs réels, il ne peut pas dire qu'il est supérieur au plus ignorant ou au plus pêcheur des hommes, car il est dans le plan où toute supériorité a disparu devant la nécessité du dévouement universel.

C'est là la voie indiquée dans les ordres d'Illuminés Rose-Croix; c'est là la voie du Pneumatique et c'est la route que Jésus révèle à ceux qui veulent le suivre. On n'atteint jamais le *sentier des maîtres de la vie et de la souffrance* par le corps astral; seul, le corps spirituel est capable d'y parvenir.

Mais l'étudiant qui aborde à peine le premier de ces trois stades doit avoir assez de science pour respecter le mystique et assez de courage pour être prêt à tuer le guerrier qui combat dans son cœur pour l'égoïsme et l'orgueil.

Relisez les repentances de *Pistis Sophia*, ce modèle permanent de tout être qui veut unir le dévouement du cœur à la science du cerveau. recherchez les paroles divines, même rapportées par un docteur gnostique, fuyez le despotisme clérical, qu'il émane du savant matérialiste, ce clérical du néant, ou d'un sectaire quelconque qui veut convertir par la rigueur, l'excommunication ou la force. Et à ceux qui nous accuseraient d'être démoniaques ou d'être aliénés, suivant les écoles, répondez par ces paroles éternelles : « Heureux est tout homme qui s'humilie, car c'est lui dont on aura pitié. »

TABLE ANALYTIQUE DES MATIÈRES

Grand Tableau Général

	Pages
INTRODUCTION	9
I. — ANALYSE DE PISTIS-SOPHIA par M. E. Amélineau.	13
II. — L'UNIVERS *Constitution*	23

Les Habitants du Monde invisible (27). Le messager de la mort (27) Le plan céleste (28).

III. — L'HOMME 31

Constitution de l'homme (31). L'esprit d'imitation (34). Origine de l'âme (37). L'âme après la mort physique (39) Ame du Pécheur (40). Ame de l'initié (43) *Figure de l'évolution de l'âme* (45).

IV. — JÉSUS ET L'INITIATION 51

Création du christianisme (52). Incarnation de Jésus (54). La Vierge Marie (55). Incarnation de l'Esprit de Jésus (56). Les douze apôtres, leurs rôles (58-59). Les deux vêtements (60).

V. — L'INITIATION ÉVANGÉLIQUE clef du salut de l'âme incarnée 63

Rôle de Jésus (64). Je suis venu apporter la division (Clef du *Baptême*) (65). Rendez à César (*Clef de l'évolution de l'âme*) (66). L'Initié sur terre (69) Paroles de Jésus (71). La voie d'Initiation (72). Théurgie (72). La réintégration totale (74).

VI. — TABLE ET CLEFS DE PISTIS 75

Repentances et psaumes (75). Interrogations (76). Table alphabétique de Pistis (79).

VII. — CONCLUSION GÉNÉRALE 84

Documents manquants (pages, cahiers...)
NF Z 43-120-13

www.ingramcontent.com/pod-product-compliance
Lightning Source LLC
LaVergne TN
LVHW050636090426
835512LV00007B/878